G000320674

ALFAGUARA

Directora de la coleccción:
MARÍA JOSÉ GÓMEZ-NAVARRO

Pobre Manolito

Elvira Lindo

Ilustraciones de Emilio Urberuaga

ALFAGUARA

© Del texto: 1995, ELVIRA LINDO
© De las ilustraciones: 1995, EMILIO URBERUAGA
© De esta edición:
  1995, Santillana, S. A.
  Elfo, 32
  28027 Madrid
  Teléfono (91) 322 45 00

• Aguilar, Altea, Taurus, Alfaguara, S. A. de Ediciones
Beazley, 3860. 1437 Buenos Aires

• Aguilar, Altea, Taurus, Alfaguara, S. A. de C. V.
Avda. Universidad, 767. Col. Del Valle,
México D.F. C.P. 03100

I.S.B.N.: 84-204-4909-1
Depósito legal: M. 23.300-1996

Primera edición: noviembre 1995
Segunda reimpresión: julio 1996

Una editorial del grupo **Santillana** que edita en
España • Argentina • Colombia • Chile • México
EE. UU. • Perú • Portugal • Puerto Rico • Venezuela

Diseño de la colección:
JOSÉ CRESPO, ROSA MARÍN, JESÚS SANZ

Impreso sobre papel reciclado
de Papelera Echezarreta, S. A.
Printed in Spain

Pobre
Manolito

*Este libro está dedicado a mi queridísimo
hijo Miguel, por todas las ideas que me dio
para escribir estas historias,
y a mi sobrina Patricia, que tantas veces
me transmitió su entusiasmo
hacia mi personaje.
A los dos, porque tienen de sobra alegría
y ternura, como Manolito Gafotas.
Ojalá que este libro les ayude a no olvidarse
de estos años, cuando todavía son niños.*

Esto es sólo el principio

Aquí estoy otra vez. Soy Manolito, el mismo de un libro que se llama Manolito Gafotas. Hay tíos que se piensan que saben todo sobre mi vida por haber leído ese libro. Hay tíos en el Planeta Tierra que se creen muy listos. Dice mi abuelo Nicolás que con mi vida se podrían rellenar enciclopedias; y no lo dice porque sea mi abuelo, lo dice porque es cierto. En los ocho años que llevo viviendo en la bola del mundo (del mundo mundial) me han pasado tantas cosas que no me daría tiempo a contarlas en los próximos 92 años; y digo 92 porque a mí, si pudiera elegir, me gustaría morirme a los cien años; es que morirse antes no merece la pena. Es lo que yo le digo a mi abuelo:

—Morirse a los ochenta y siete no mola, abuelo; te mueres a los cien años y quedas como un rey, con dos ceros como catedrales.

Yo no puedo entender a esas personas tan

importantes que se ponen a escribir sus memorias cuando son viejos y sólo les sale un libro de 357 páginas. Te digo una cosa: yo tengo sólo ocho años y a mí, ahí, en 357 páginas, mi vida no me cabe. Así que tendré que escribir libros y libros y libros para que te vayas enterando de la verdad de mi vida: Manolito se compra un chándal, El Imbécil tiene nombre, Los chistes de Manolito, Manolito en Nueva York. Bueno, este último es de ciencia ficción, porque yo en Nueva York no voy a estar nunca; es una tradición que hay en mi familia, la de no ir nunca a Nueva York; es casi tan antigua como la de comer doce uvas en Noche Vieja o bailar la conga en las fiestas de Carabanchel. Hasta donde yo puedo saber de mis antepasados ninguno fue a Nueva York, y no creo que yo vaya a ser el primero, porque en mis ocho años de vida en este Planeta no he sido el primero en nada; pregúntaselo a mi sita Asunción, que me definió al acabar el curso como «el clásico niño del montón». Pero no quiero adelantarte el final del libro, no voy a ser como el Orejones, que se va tres días antes que tú a ver una película para contarte el final y reventártela. Es una gracia típica de mi gran amigo (aunque sea un cerdo traidor).

En este libro vienen algunas de las aventuras que me pasaron en los últimos meses, y son tantas, tantas, las cosas que me ocurren todos los días que me costó mucho decidirme por cuáles contarte. Y lo malo es que todo el mundo tenía que meter baza:

Yihad me dijo que si no sacaba la aventura del silbato nos veríamos las caras un atardecer en el parque del Ahorcado.

La Susana Bragas-sucias me pedía todos los días un capítulo para ella sola:

—...y no como en el otro libro, que sólo contaste lo de las bragas, gracioso —me dijo.

La Luisa no quería que apareciera la historia de Los cochinitos, pero, como en el fondo, le hacía mucha gracia, me propuso que a ella y a Bernabé les sacara con seudónimo. Al final, se me olvidó y están con sus verdaderos nombres. Mi madre ha dicho:

—Ya veremos las repercusiones del librito en el barrio.

El Imbécil, como de momento es analfabeto, tiene una única obsesión: que le saquen continuamente en los dibujos. Así, cogerá el libro, señalará sus retratos con el chupete (llenando las hojas de babas) y dirá:

—Yo.

Y pasará las hojas hasta que vuelva a encontrarse. Cuando sepa leer exigirá ser el protagonista. Fijo.

La madre de Arturo Román llamó a mi madre para decirle:

—Con lo amigo que es mi Arturo de Manolito y la vez anterior el pobre sólo decía una frase.

El Orejones me confesó el otro día que después de mucho pensar ha llegado a la conclusión de que las partes que más molan son las que sale él.

—Te lo digo con el corazón —me dijo llevándose la mano al lado derecho (su fuerte no es la anatomía humana).

El dueño del Tropezón me pidió que no sacara que el año pasado intoxicó a medio Carabanchel Alto con una ensaladilla rusa que estaba caducada; así que ese capítulo lo guardaré para hacerle chantaje de vez en cuando.

Los únicos que no han protestado ni han pedido nada han sido mi padre (aunque sé que está muy contento porque en este libro aparece cantidad) y mi abuelo, que, viendo que entre unos y otros no me dejaban en paz, me dijo:

—Tú a tu bola, Manolito; si quieren salir en un libro que se lo escriban ellos.

Así que eso he hecho, he ido a mi bola, que para eso soy el que cuenta estas espeluznantes historias.

Antes de que se me olvide: quiero darle las gracias a Paquito Medina, que me corrigió las faltas de ortografía. Se había ofrecido a corregírmelas la sita Asunción, pero yo no tenía ganas de que luego me pasara por el morro lo pedazo de bestia que soy; además, si le dejo el libro a la sita seguro que me lo cambia de tal manera que me lo convierte en La sirenita. Estoy seguro de que Paquito Medina nunca le dirá a nadie que me tuvo que corregir 325 faltas.

Aquí tienes el segundo tomo de la gran enciclopedia de mi vida. Prepara sitio en la estantería porque esto es sólo el principio.

El Bueno, el Feo y el Malo

No veas la bronca que me cayó; todavía me tiemblan las piernas. Y no sólo fue la bronca; mi madre me puso el castigo más terrible de la historia del *rock and roll*. Cuando me estaba gritando todas las humillaciones a las que iba a ser sometido durante este fin de semana, le dije:

—Por favor, ¿podrías ir más despacio que lo voy a apuntar en un papel?

Y mi madre gritó más si cabe para decir:

—Encima con cachondeíto.

Ella es así, más chula que un ocho. Apunté mi castigo en un papel y mandé a mi abuelo Nicolás a hacer fotocopias para poner una copia en todos los lugares estratégicos de mi casa, esos lugares que yo visito con mucha frecuencia: el wáter, la nevera, la tele y el sofá. No me podía arriesgar a olvidarme; las represalias de mi madre pueden ser terribles; no la conoces bien.

Mi castigo consiste en:

1. No verás la televisión en todo el fin de semana. Y no preguntarás continuamente: «Entonces, ¿qué hago?»

2. No llamarás al imbécil *El Imbécil* (el Imbécil es mi hermano pequeño). Y no preguntarás continuamente: ¿Alguien me puede decir cómo se llama el Imbécil?

3. No saldrás con tus amigos al parque del Ahorcado.

4. No recibirás paga durante dos fines de semana.

5. Comerás verdura sin decir «Qué asco».

6. Ayudarás a poner y a quitar la mesa.

7. No le esconderás la dentadura al abuelo.

8. No le pedirás recompensa para encontrarle la dentadura.

9. Te lavarás los pies todas las noches.

10. No comerás bollicaos hasta nueva orden.

Cuando mi abuelo leyó estos nueve mandamientos me dijo al oído, para que no lo oyera mi madre:

—Manolito, yo hubiera preferido ir a la cárcel.

A la cárcel... Qué cerca he tenido la cárcel estos días. Esas cárceles que dice mi sita Asunción que debería haber para los niños como nosotros, unos niños que no tienen vergüenza.

A mí me gustaría tener un ángel de la Guarda de esos que dice la Luisa que tenían los niños de antes para sacarles de todos los aprietos de su vida (la Luisa es mi vecina de abajo). Dice la Luisa que cada niño de antes tenía su ángel de la Guarda invisible en su chepa y que, por ejemplo, iba un coche a pillar al niño y el ángel de la Guarda hacía que el coche se estrellara contra un

árbol en el último instante mortal para que el niño pudiera seguir su camino feliz por en medio de la carretera. Y por ejemplo, otro ejemplo: iba ese niño por el campo y se formaba una tremenda tormenta y un rayo asesino iba a caer sobre la espalda del niño, pero entonces un agricultor bondadoso se interponía entre el rayo y el niño, y, mientras el agricultor agonizaba en el suelo, el niño seguía andando sin enterarse ni dar las gracias, porque todo había sucedido a sus espaldas. Y todo gracias al trabajo del ángel de la Guarda, que, la verdad, con un niño como ese debía estar el pobre al borde del infarto de miocardio.

El ángel de la Guarda era como una especie de Supermán, pero en vez de capa llevaba alas porque por algo era... ¡el ángel de la Guarda! Pero ahora ya, en nuestros días, ese ángel no se lleva: es un ángel pasado de moda. A mí por lo menos nunca me ha guardado las espaldas, ni a ningún niño de Carabanchel Alto, y mira que me haría falta porque soy especialista en meterme en líos.

Cómo me hubiera gustado que ese ángel me hubiera avisado del mogollón que se iba a montar por hacer caso al chulito de Yihad. Empezaré por el principio de los tiempos mi estremecedora historia:

El otro día estábamos jugando el Orejones y yo con un escarabajo pelotero que nos habíamos encontrado en el parque del Ahorcado cuando viene Yihad, el chulito de mi barrio, y nos dice:

—Mientras vosotros estábais aquí haciendo el primo con el escarabajo, yo estaba robando en la panadería de la señora Porfiria.

La panadería de la señora Porfiria es la más famosa de Carabanchel Alto; sus especialidades son los yogures pasados de fecha y el *chopped* rancio. Te recomiendo que vengas algún día a probarlas. En mi familia ya no podríamos imaginarnos la vida sin estos manjares.

Pero a lo que iba, que Yihad dijo «he estado robando», y para demostrarlo va el tío y se saca de los bolsillos chicles, caramelos, Emanense-deshace-en-tu-boca-no-en-tu-mano y un bollicao. Dijo también que se había dado cuenta de que robar estaba *chupao* y que no pensaba pagar en ninguna tienda hasta que no tuviera edad para tener una tarjeta Visa. Dijo que pagar con tarjeta molaba, pero que pagar con monedas era una atraso y una horterada.

Así lo dijo, con estas palabras. El Orejones y yo lo escuchábamos con la boca totalmente abierta. Yo sabía por mi abuelo que uno no debe robar ni hacer daño a la Humanidad, pero claro, de repente te viene un tío que lo tiene tan claro que, a ver, uno no es de piedra. Total, que quedamos para el día siguiente a la misma hora en el mismo sitio; la cita de la banda asesina era:

PARQUE DEL AHORCADO. 17 HORAS

¿Y por qué a las 17 y no a las 18?, se preguntarán bastantes españoles: porque a esa hora es cuando todos los niños de todos los colegios de mi barrio llenamos la panadería de la señora Porfiria, según mi madre, para hacerla millonaria con todas las marranadas que le compramos.

Nuestro plan era aprovechar esos momentos en que la panadería está «apestada» de gente para poder actuar entre la terrible confusión.

Al día siguiente, el día A (A de Atraco), un cuarto de hora antes de la hora acordada, ya estábamos los tres en la farola del parque del Ahorcado para darle nuestros últimos toques al plan P (P de Porfiria). La verdad es que no teníamos mucha pinta de atracadores. No es fácil pasar de ser un niño estupendo a un peligroso delincuente. Nos subimos el cuello de la cazadora para darnos un toque salvaje.

—¡Podíamos haberle quitado una media a nuestras madres para ponérnosla en la cabeza y así nadie nos reconocería! —gritó el Orejones de camino a la panadería.

—Eso hubiera molado —dije yo, viéndome ya con la media aplastándome la nariz.

—¿Sabéis qué diría la gente si os viera con la media en la cara? —nos preguntó Yihad—. Diría: «Ahí van el Gafotas y el Orejones con una media en la cara».

Yihad tiene una habilidad especial para hacerte ver en un momento que tus ideas geniales no son más que una tontería.

El momento de la verdad había llegado. Estábamos en la puerta de la señora Porfiria el día A y dispuestos a efectuar el plan P a las 17 horas. Miramos nuestros relojes para ver si estaban sincronizados. El del Orejones marcaba las doce de la noche. ¡Qué niño más plasta!

—Se le... se le acabó la hora hace tiempo —dijo como disculpándose.

—Pues lo tiras —le contesto Yihad sin piedad.

—Es que me lo regalaron mis padres cuando se divorciaron y le tengo mucho cariño.

—¿Y no valdría —dije yo por encontrar una solución— con que se lo guardara en el bolsillo?

—Bueno, por esta vez pase —le dijo Yihad al Orejones, y luego me soltó a mí al oído—: Tu amiguito no hace más que crear problemas y eso no puede ser: una banda tiene que ser seria.

Yo dejé entrar a Yihad a la panadería y me acerqué al Orejones para decirle:

—No haces más que crear problemas, tío; una banda tiene que ser seria.

Nos pusimos manos a la obra, a llenarnos los interiores de todo lo que pillábamos. Tenía razón Yihad: era tan fácil que nos daba hasta la risa. Como no nos cabía nada más nos empezamos a meter dentro de los calzoncillos fresas de gominola, nubecillas y *push-pops*. De repente, la señora Porfiria se nos queda mirando y dice:

—Y vosotros, ¿qué queréis?

Y Yihad contestó:

—Nosotros queremos un chicle para los tres.

No veas la gracia que nos hizo la contestación de Yihad; casi nos meamos de la risa y de los nervios. Menos mal que no nos meamos, porque dentro de los calzoncillos llevábamos parte del botín.

La señora Porfiria nos preguntó que dónde nos íbamos a comer el chicle y nosotros le dijimos que al parque del Ahorcado. Y era verdad. Decir una verdad después de cometer un delito siempre gusta. Ella nos dijo que si queríamos que nos lo partiera en tres partes exactas, y nos dio otra vez la risa y por poco nos meamos por segunda vez.

Nos fuimos al parque del Ahorcado. Decía Yihad que éramos una banda de tres, como en una película del Oeste que él había visto que se llama «El Bueno, el Feo y el Malo». El Orejones y yo nos pusimos a discutir porque los dos queríamos ser el Bueno, pero Yihad nos quitó las dudas:

—De eso nada, el Bueno soy yo, el Orejones es el Feo y Manolito el Malo.

Yihad es un maestro para acabar con las discusiones: él tiene la razón, y punto. Cuando llegamos al parque del Ahorcado pusimos nuestro botín encima del banco. Allí estaba todo lo que te puedas imaginar, el mejor banquete de nuestra vida. Nos íbamos a bajar los pantalones para sacarnos el resto cuando el Orejones nos señaló un punto a lo lejos. Tres peligrosas mujeres venían hacia nosotros; andaban con las piernas un poco abiertas, como si se acabaran de bajar del caballo. Era inútil salir corriendo; esas mujeres eran nuestras madres; no había escapatoria; ni el último rincón de la Tierra te sirve para esconderte de una madre furibunda. Mientras se acercaban se levantó un poco de viento y por el suelo se arrastraban esas pelotas de hierbas secas que salen siempre en el Oeste cuando van a matar a alguien. Ellas iban a matar a alguien. Por fin alguien iba a utilizar el Árbol del Ahorcado. La ejecución sería pública. Estaba claro que se habían enterado de nuestra fechoría, pero ¿cómo se habían enterado?, se preguntan todos los españoles.

Cuando por fin las tuvimos cerca yo me meé. Lo que es la vida, hacía un momento me meaba de risa y ahora de miedo.

Al Orejones su madre se lo llevó en silencio, porque como está divorciada y se siente culpable nunca le riñe. Yihad echó a correr hacia su casa y su madre corrió detrás de él, y como es un niño problemático la única que le puede dar un tortazo es la psicóloga. Conmigo mi madre no se corta ni un pelo y sigue los métodos de toda la vida. Es una amante de las tradiciones. Me cogió de la oreja y me llevó de la oreja hasta la misma puerta de mi hogar.

Resultó que se habían enterado porque la panadera nos había estado viendo todo el rato, pero había actuado con la clásica frialdad de las panaderas.¡Qué chivata!

Actualmente soy un niño bastante arrepentido: nunca volveré a robar aunque mis hijos no tengan para comer. Que les den morcillas a mis hijos. Dice mi abuelo que esto me ha servido de escarmiento, que esto me va a dejar un trauma que arrastraré toda mi vida y que me impedirá volver a robar.

Las madres devolvieron todo el botín a la señora Porfiria, pero... yo tenía mi parte secreta: la que había en el interior de mis calzoncillos.

Tú no sabes lo que me costó despegarme las chucherías; se me habían pegado por todas partes. En el cuarto de baño, y con un sigilo sepulcral, me las fui despegando. No veas el daño que me hacía en algunas partes. Me acordé de cuando mi madre se hace la depilación. Las lavé, las envolví en la bufanda de mi abuelo y las escondí debajo de mi almohada.

Todavía me quedan. Cada noche, mientras todos roncan, yo saco mi tesoro, que cada vez es más pequeño, y me tomo algo antes de dormirme. Sé que no debería comerme nada de lo que robé, y más siendo un niño arrepentido como soy ahora, pero dímelo en confianza, ¿tú qué harías?

Un fallo mortal

A mí no me queda más remedio en esta vida que ser del Real Madrid. Mi padre es del Real Madrid, mi tío Nicolás (que trabaja en Noruega de camarero) es del Real Madrid, todos los de mi sangre son del Real Madrid. Antes de que existiera el Real Madrid, en la época de las cavernas, mis antepasados, los primeros García Moreno que habitaron el Planeta Tierra, salieron de su cueva y, contemplando el típico atardecer prehistórico, exclamaron:

—Algún día existirá el fútbol, y un equipo, el Real Madrid. No estaremos aquí para verlo.

—Pero sí nuestros descendientes.

Qué escena más emotiva. El caso es que si uno vive en Carabanchel (Alto) y no es del Real Madrid es mejor que calle para siempre o que se vaya a vivir a otro sitio. Si yo no fuera del Real Madrid sería la vergüenza de mi familia, me pegaría Yihad (el chulito), mi padre no podría ir con la cabeza bien alta por la calle y la Luisa (mi vecina de abajo) le diría a mi madre:

—¿Que tu niño no es del Real Madrid?

¿Has hablado de esto con la psicóloga del colegio?

No te creas que exagero. Comenzaré mi historia desde el principio de los tiempos, o sea, un siete de enero de 1995:

Aquel sábado histórico el Real Madrid jugaba un partido contra el Barcelona, así que mi madre hizo dos tortillas, una poco cuajada para mi abuelo y mi padre, que les gusta encontrarse

el huevo tipo moco, y otra para el Imbécil y para mí, que nos gusta que quede más seca que una pasa. Metió todo en una tartera que compró en la teletienda y nos despidió con lágrimas en los ojos.

No éramos los únicos que íbamos a ver el partido; nos encontramos en la calle con una peregrinación de cientos de miles de vecinos. Nuestros pasos no se encaminaban hacia el Santiago Bernabéu, sino hacia el bar El Tropezón, que es el bar más famoso de mi barrio.

Siempre que hay fútbol todos los clientes de El Tropezón se llevan la comida de casa porque el dueño dice que en ese tipo de días históricos él no está dispuesto a estar de criadito de nadie, que él no se está levantando todo el rato porque dice que por estar como un esclavo se ha perdido toda su vida los goles más importantes que ha habido en el terreno futbolístico. Mi abuelo le dijo un día:

—Pues cierra el bar y deja de quejarte.

Pero el dueño de El Tropezón dice que ver un partido en casa no tiene emoción, que no hay nada como verlo desde la barra de su Tropezón. Así que su táctica es ésta: antes de empezar el partido va y pregunta a los padres: «¿Cuántos vinos te vas a tomar?» o «¿Cuántas cervezas?», y el padre va y responde que diecisiete, por ejemplo, y él le dice que le parecen pocas, que lo piense antes de que sea demasiado tarde, y el padre dice: «Entonces pon tres más, que es mejor que sobre que no que falte.» Y con este acuerdo el dueño del Tropezón te las pone todas en fila en la mesa y sanseacabó. Yo he visto a gente llorándole a mitad del partido diciéndole:

—Ezequiel, dame otra, por favor, me quedé corto.

Y él en su barra, completamente impertérrito, contestando:

—Ah, se siente, esas cosas se piensan antes.

No lo creerás pero este trato le funciona muy bien con la clientela; nunca ningún padre se ha cambiado a otro bar. Su lema es:

«Con el cliente, mano dura. El dueño siempre tiene razón, para eso es el dueño. Si al cliente no le gustan estas reglas, que se largue: hay más bares que chinos.»

Con estas mismas palabras lo tiene escrito en un azulejo de tamaño Porcelanosa en el mostrador, justo al lado de una foto en la que salen sus cinco hijos, que lleva debajo una frase: «PAPÁ, NO CORRAS». Él no tiene coche ni sabe conducir, pero siempre ha envidiado a mi padre, que es camionero, por tenernos al Imbécil y a mí al lado de la radio del camión.

Aquel sábado siete de enero todo Carabanchel (Alto) estaba en El Tropezón. La gente se traía sillas de otros bares. Era impresionante. Y allí estaba yo, haciendo que me gustaba el fútbol (llevo disimulando desde que tengo uso de razón), y todo porque mi padre no me deserede. Me molestaría mucho que fuera el Imbécil el que se quedara con el camión. Por eso llevo toda mi existencia sin poder confesar que no me entero de nada cuando veo un partido.

Tengo que hacer que entiendo para ser alguien en esta vida.

Cuando meten un gol «me pongo forofo

perdido», grito más que nadie, y así voy salvando el tipo, aunque hay veces que te vas de la lengua y metes la pata y ocurre lo peor. Eso es lo que sucedió aquella tarde maldita, que me pasé de rosca.

Aquel fallo pudo costarme la vida. Cuando el Madrid metió el cuarto gol, me subí encima de una silla, tomé aire y con todas las fuerzas que me cabían en el cuerpo que tengo, grité:

—¡Todos juntos: Tres hurras por Romario!

Lo grité con tanto ímpetu que se me empañaron los cristales de las gafas y no pude ver que todas las caras se volvían hacia mí. Escuché, eso sí, «un silencio atronador». Un silencio sepulcral. Me limpié las gafas para ver qué pasaba. Dejaron de mirarme a mí y miraron a mi padre como suelen mirar los que están en la barra de los bares del Oeste al forastero que entra en el *saloon*. Aquellas personas querían que mi padre me diera mi merecido, pero mi padre es contrario a la violencia física (no es como mi madre) y lo único que pudo hacer es bajar la cabeza avergonzado. A mí me estaba doliendo ese momento como si me hubieran dado una colleja, pero en El Tropezón no se conforman con la clásica humillación psicológica. Busqué a mi abuelo para que me defendiera, pero en aquel momento crucial de mi vida estaba dormido en un rincón. Entonces Yihad rompió el hielo. Me dio un pequeño puñetazo. Como estaba mi padre delante se cortó un poco. Fue un golpe limpio, me dio tiempo a quitarme las gafas. Me dieron ganas hasta de darle las gracias. Mi padre le dijo al padre de Yihad:

—¿Alguna vez dejará tu hijo de pegar a este pobrecico mío?

Y el padre de Yihad dijo:

—Manolo, tenemos que admitir que en esta ocasión tu Manolito se la ha ganado; a un niño no le puedes dejas salir a la calle si no sabe

que Romario está en el Barcelona. ¡Por Dios, un poco de cultura general! Además no ha habido daños materiales, las gafas están intactas y los daños físicos no son de importancia. Por esta vez la actuación de mi Yihad ha sido irreprochable. El muchacho se ha portado. Manolo, dile a tu chico que o se pone al día o que no vuelva.

Mi padre iba a contestar, pero el Madrid

metió el quinto gol y la clientela se olvidó de los daños psicológicos, que son los que más me habían dolido.

Yo prefería olvidarme para conseguir que Yihad se olvidara también del asunto, aunque tenía muy claro que al lunes siguiente todos en la escuela se enterarían de mi metedura de pata.

Cuando llegamos a casa mi padre me fue a despedir a la cama y me dijo:

—No te preocupes, Manolito, mañana te enseñaré la alineación del Real Madrid, para que nadie pueda levantarte ni la voz ni la mano.

Todo se quedó a oscuras y pasó un rato. Creía que yo era el único ser despierto sobre el mundo mundial, pero mi abuelo me dijo:

—Manolito, pásate conmigo a la cama a calentarme los pies.

Me pasé y nos pusimos de cara a la ventana, que es del lado del que nos dormimos.

—Manolito, no te preocupes, el próximo partido, después de comernos la tortilla, vente conmigo al rincón y nos dormimos todo el partido juntos. Cuando haces eso nadie se fija en ti.

—Abuelo, a ti es que no te importa nada en la vida.

—Sólo dos cosas: tú y el Imbécil.

Mi abuelo, mi súperabuelo, siempre estaba en mi equipo. Noté que se estaba quedando dormido y le moví para preguntarle una duda mortal que yo tenía desde hacía tiempo:

—Abuelo, pero yo te importo un poco más que el Imbécil, ¿verdad?

—Un poco más, sí, pero no lo vayas diciendo por ahí.

Al momento oí su primer ronquido y le

metí la mano en la boca para quitarle la dentadura. Le dije:

      —Abuelo, qué harías si no fuera por mí.
Siempre tengo que estar en todo.

      Y me respondió con un ronquido que
hizo temblar Carabanchel (Alto).

Mal de muchos,
consuelo de tontos

Este fin de semana no tengo paga y me han prohibido ver los dibujos. Y a mí qué. Soy el tío más feliz que existe en estos momentos en el mundo mundial.

¿Y cómo es posible —te preguntarás tú y se preguntará toda España— que haya alguien tan loco que sea feliz sin dinero para comprar chucherías y sin poder ver la tele?

Es cierto, cualquiera se sentiría desgraciado en mi lugar; incluso yo me sentiría desgraciado en mi lugar si no fuera porque… no soy la única persona que ha sido castigada en esta casa. Por primera vez en la historia de mi vida comparto un castigo con mi querido hermanito el Imbécil.

Normalmente me castigan a mí solo, y cuando me castigan al ser que más odio tengo es al Imbécil, más que a mi madre, y eso que es ella quien me castiga. No me preguntes el porqué de esa reacción, es un misterio aún no resuelto por la ciencia.

Pero esta vez ha sido distinto. Empezaré por el principio de los tiempos:

Resulta que el Imbécil es un niño que a los cuatro años que tiene no controla sus esfínteres como a mi madre le gustaría. Lo diré en términos científicos para que lo entiendas: el Imbécil se mea en la cama. Mi madre lo ha intentado arreglar con sus métodos tradicionales, o sea, gritando por el pasillo:

—¡Otra vez! ¡No gano para detergente con el niño cochino éste! ¡Te voy a mandar a dormir a la taza del wáter!

Pero nunca cumple su amenaza. El Imbécil vuelve a dormir en su cuna gigantesca, vuelve a mearse y mi madre vuelve a gritar por el pasillo todas las mañanas a las ocho. Ésta es la mara-

villosa forma con la que los García Moreno reci-
bimos un nuevo día en el calendario de nuestras
vidas. Por la manera de chillar de mi madre se
diría que va a agarrar al Imbécil por los pies y a
tirarle por el hueco de la escalera. Pues no. Después de los gritos lo coge en brazos y en el
mismo pasillo donde antes le insultaba ahora le
atiza unos besos tipo oso hormiguero que el Imbécil aguanta sin decir ni mu porque es el mima-
dito de su mamá.

Esta escena se viene repitiendo desde
hace varios siglos hasta el otro día que subió la
Luisa (mi vecina de abajo) y le dijo a mi madre
que la tarde anterior había llamado al programa
de radio *Una solución para cada problema* y le
había preguntado al señor locutor:

—Mire usted, soy la señora de Palomino,
más conocida como la Luisa, y me ocurre lo siguiente: mi vecina íntima del piso de arriba grita
como una posesa todas las mañanas porque su
hijo no controla sus esfínteres. Estoy desesperada. ¿Qué puedo hacer?

Y el locutor le respondió:

—Vayamos a la raíz del asunto: ese niño
que se mea incontroladamente. Ese niño tiene un
problema psíquico-psicológico y hay que llevarlo
rápidamente a un especialista. No hay tiempo
que perder.

Cuando la Luisa nos terminó de contar el
terrible consejo del señor locutor, mi madre dijo
con lágrimas en los ojos:

—Si ya lo sabía yo que el pobrecillo no
se meaba por gusto.

Al día siguiente fuimos todos al despacho
de la *sita* Espe, que es la psicóloga de mi cole-

gio. Fuimos mi madre, el abuelo, la Luisa, yo y el Imbécil. Como éramos tantos la pobre *sita* Espe se tuvo que quedar de pie. Fue bastante divertido. Mi abuelo se sentó en el sillón de la *sita* Espe, que tiene ruedas, y al final de la visita le dijo a la *sita*:

—¿No le importa empujarme el sillón hasta la puerta? Siempre me he preguntado qué sentiré el día en que mis piernas me fallen y tenga que ir en silla de ruedas.

Esta es una de las clásicas trolas de mi abuelo. Siempre que le gusta una chica se le ocurren cosas así, y la *sita* Espe le gusta.

El Imbécil y yo nos pusimos a ayudar a la *sita* Espe empujando la silla de ruedas y al final estampamos a mi abuelo contra la puerta. A pesar del golpe que se llevó en la frente mi abuelo dice que mereció la pena.

A lo que iba, la *sita* Espe dijo que ella no sabía cómo tratar a los niños que se meaban incontroladamente, así que nos dio la dirección de un médico hipnotizador muy eminente.

La tarde siguiente nos fuimos los mismos a ver al doctor hipnotizador; íbamos en el coche de la Luisa, que se acaba de sacar el carnet y nos lleva de conejillos de indias. Después de que nos insultaran prácticamente todos los conductores de Madrid y de realizar un aparcamiento forzoso, o sea, chocando con el coche de atrás y con el de delante, subimos a casa del doctor hipnotizador que era la casa más lujosa que yo había visto en mi vida. El doctor hipnotizador no nos dejó entrar a todos a su despacho. Mi abuelo y yo nos quedamos fuera, pero estuvo chachi: nos comimos toda la bandeja de caramelos que había en la mesa. Mi madre salió de la consulta tan pálida que el abuelo dijo:

—El doctor se ha equivocado y ha hipnotizado a tu madre.

Pero no era eso, es que el hipnotizador costaba una pasta y a mi madre no le volvió el color hasta que le dio el aire por la ventanilla del coche de la Luisa. Costó tanto dinero que no merendamos en una cafetería como hacemos siempre que salimos al centro.

Luego llegó la noche en casa de los García Moreno. El momento de la verdad, el momento en que íbamos a comprobar si las palabras hipnotizadoras del doctor habían hecho huella en la mente del Imbécil.

Serían las cuatro de la mañana, que se ve que es cuando el Imbécil siente el cosquilleo, cuando el Imbécil se levantó y se fue por el pasillo camino del wáter. ¿Qué hizo mi madre? Le siguió. Bueno, en mi casa no puedes seguir a nadie andando porque es muy pequeña, le tienes que seguir con la mirada. Entonces vio que el Imbécil se detuvo en la puerta del cuarto de baño y se quedó pensando en la oscuridad como un niño monstruoso. Mi madre y todo el mundo mundial esperaban que el Imbécil entrara en el wáter. Pues no. El Imbécil se dio media vuelta y se volvió a su cama. ¿Para qué? Para mearse en su cama, que es donde le gusta. Así es mi hermano.

Conclusión: El Imbécil se levantó obedeciendo las órdenes del despertador mental que el doctor había introducido en su cerebro, pero luego se lo pensó mejor y las órdenes que le habían entrado en un oído por la tarde le salieron por el otro a las cuatro de la mañana (normalmente las órdenes tardan menos tiempo en hacer ese recorrido en su cabeza, pero tuvo un detalle con mi madre por los gastos ocasionados), y es que al Imbécil los cambios no le molan; él es feliz con su chupete, su cuna y sus esfínteres incontrolados. Es un animal de costumbres.

Al día siguiente mi madre se levantó hecha una furia. Le echó las culpas a la Luisa por el dinero perdido en el hipnotizador y por primera vez en su vida castigó al Imbécil.

A mí, de ver al Imbécil castigado, me entraron ganas de reírme, de saltar, de vivir la vida intensamente, o sea, lo normal. El niño ése se puso a llorar porque yo me burlaba. Ya ves, por una burlita de nada, y entonces me castigaron a mí también. A mí, que controlo mis esfínteres desde que cumplí dos meses de vida, y no exagero.

Bueno, todo tiene su parte buena, yo me alegro de que él esté castigado y él se alegra de que me hayan castigado a mí. Este castigo nos está uniendo bastante. Se equivocaba aquel sabio que dijo: «Mal de muchos, consuelo de tontos.» Lo que le debía pasar a aquel sabio es que era hijo único.

Vencedores y vencidos

La *sita* dijo un día que somos unos niños que pasamos la tarde sin pensar en nada más que en lo que tenemos delante de las narices, que es la televisión.

—Eso no es verdad, *sita* —dijo Arturo Román, que si no opina revienta—, yo no sólo pienso en la tele que tengo delante de las narices, también pienso en la tele que tienen mis compañeros delante de las suyas, en que a lo mejor están viendo otros programas y sufro por no tener cinco televisores y cinco pares de ojos.

Por una vez Arturo Román había dado en el clavo. Hay tardes en que me llama el Orejones por teléfono y me dice:

—¿Has visto *El coche fantástico* en la 3?

Y le contesto:

—No, he visto *McGyver* en la 5.

—Mola diez veces más *El coche fantástico*. McGyver es un empollón con un corte de pelo de macarra.

—Más macarra es el gorila ese del coche fantástico. *El coche fantástico* y su musiquita: Titirirí, titirirí. Vomito.

Colgamos el teléfono sin despedirnos. Pasamos un rato, cada uno en la soledad de su hogar, dándole vueltas a la cabeza. Uno de los dos da el brazo a torcer y llama al otro. No lo hacemos por amistad, ya nos gustaría. Lo hacemos para contarnos el uno al otro el programa que no hemos visto.

Debo reconocerlo: hay ocasiones en la vida en que nuestro cerebro no da más de sí.

La *sita* decidió tomar cartas en el asunto para evitar lo que ella llama «el embrutecimiento de nuestras mentes». Nos dijo que a partir de ahora los niños de Carabanchel Alto íbamos a tener unas actividades extraescolares que nos harían olvidar la televisión y nos convertirían en unos niños creativos, en unos niños de película.

Y aquí es donde empieza esta historia que acaba regular, aviso. La contaré desde el principio de los tiempos:

A nuestro colegio llegaron una chica y un chico y pegaron un cartel que decía:

¡PARTICIPA EN EL TALLER DE CREATIVIDAD CON TUS AMIGOS **FAMA Y CRONOPIO**! EL DOMINGO, PRIMER CONCURSO DE ARTE RECICLADO EN EL PARQUE PEDRO SALINAS. ¡EH, CHAVAL, NO TE LO PIERDAS!

El Orejones le preguntó a la chica:

—¿Y ese parque dónde está?

La *sita* nos dijo que era lo que nosotros llamamos parque del Árbol del Ahorcado, y que a ver si empezábamos a acostumbrarnos a llamar a las cosas por su nombre.

Todos mirábamos cómo Fama (la chica) y

Cronopio (el chico) pegaban los carteles. No eran hermanos, pero iban vestidos iguales, con dos monos vaqueros muy anchos, y los dos llevaban pelos en las axilas (los sobacos, para que me entiendas). Eso nos llamó mucho la atención, lo de los pelos de la chica. Mi madre no se deja ni uno. La Luisa sube con la Depilady todos los meses y !zas! !zas!: !fuera pelos! Todas las madres de todos los niños de mi clase hacen lo mismo. Será una costumbre propia de Carabanchel (Alto).

Llegó el día del concurso de «Arte reciclado». El lema era: «Haz de la basura un arte». Los monitores nos daban media hora para que fuéramos por los cubos de la basura recogiendo cosas que nos sirviesen para hacer una obra artística inolvidable. Mi madre se fue a la farmacia y nos compró al Imbécil y a mí unas mascarillas y unos guantes de intervenir quirúrgicamente. Era nuestro uniforme de Manipuladores de Basuras. El Imbécil intervenía en la categoría de Analfabetos (esto es una broma, joé, que todo hay que explicarlo). En esa categoría estaba incluido Yihad (no fue así, pero debería haberlo sido).

Los monitores Fama y Cronopio dijeron: «Ya», y todos salimos corriendo y empujándonos, como es nuestro estilo. Los padres se quedaron en el parque y mientras nosotros hurgábamos en la basura, Fama y Cronopio organizaron unos juegos para que se entretuvieran.

Cuando llegamos estaban con ese de las sillas, que suena una música y tienes que ir dando vueltas a las sillas y se para la música y te sientas en la primera que pillas y el que se queda de pie es eliminado y se mosquea cantidad.

Bueno, pues la Luisa y mi madre estaban a punto de llegar a las manos por una silla. Mi padre y Bernabé las tuvieron que separar: la cosa se estaba poniendo muy fea, no exagero.

El Imbécil y yo veníamos cargados con nuestras basuras: unas cuantas cáscaras de huevo (en una se había ahogado una mosca golosa), huesos de pollo, cartones de rollos de papel del wáter y otros de tetrabrick de vino que nos dio el dueño del Tropezón. La bolsa de basura estaba hasta los topes. En nuestro pupitre el Imbécil y yo construimos un barco espacial y le pusimos un título muy poético: *Con diez cartones por barba.*

Tuve que quitarle al Imbécil el chupete porque ya estaba a punto de mojarlo en un papel de bollicao que utilizamos para las velas. Es un niño sin escrúpulos, te lo juro.

Estábamos seguros de que íbamos a ganar. Lo teníamos clarísimo porque Yihad, que estaba con el chulito subido, había cogido el cubo de basura de su madre y lo había titulado: *El típico cubo de basura.* Qué morrazo tienen algunas personas.

El del Orejones era asqueroso; se había traído unos garbanzos con moho que había en el portal de la Susana y le había puesto: *Cocidito madrileño.*

La Susana Bragas-sucias había pedido patas de pollo y de gallina en la pollería y las metió en un tarro de plástico, como si fueran flores. Su trabajo se llamaba: *Descanse en paz.* El público hizo gestos de vomitar con la boca.

Cronopio y Fama se iban pasando por todas nuestras obras. Al Imbécil y a mí nos dijeron que habíamos hecho un trabajo muy interesante y un gran esfuerzo creativo y mi madre gritó desde su asiento:

—Como que son unos niños que tienen una imaginación sin límites.

El triunfo era nuestro. Sólo nuestro. Por eso cuando Cronopio y Fama, después de hablar entre ellos, dijeron públicamente y con una sonrisita que habían decidido que no hubiera vencedores ni vencidos y que «todos habíamos ejercitado al máximo la máquina de nuestro talento» y que todos nos merecíamos el soñado diploma, el Imbécil y yo, acompañados de la Luisa, nos acercamos a los monitores para protestar. Eso de que todos ganen, en Carabanchel Alto, no lo entendemos.

Yihad también quería que se supiera quién era el ganador. Todos exigíamos que hubiera un primer puesto, y un segundo, y un tercero. Con su medalla y su pódium y su himno nacional. Como en las Olimpíadas mundiales.

El que quiera premios de consolación que se vaya a Carabanchel Bajo. Ese tipo de premios no van con nuestro estilo, amiguito.

El chulito de Yihad, más chulito que nunca, montó en cólera y tiró nuestra vela de bollicao. Aunque no lo creas, yo también tengo mi límite, así que le pegué una patada a su cubo. El cubo tiró por la tierra el cocidito verde del Orejones. Empezamos a arrojarnos nuestras obras de arte a la cara. El Imbécil se armó con una sartén que había traído Arturo Román para su trabajo: *Cuando seas padre comerás huevos*. El Imbécil daba sartenazos al aire. Menos el que fue a parar a mi frente. Por suerte, la sartén pasó a un centímetro de mis gafas. Como verás, soy el primero en buscarle un lado positivo a la vida.

Fama y Cronopio también se animaron, perdieron la sonrisa y le pidieron a la *sita* a gritos que pusiera orden.

—¿Yo? —dijo la *sita,* sin moverse de su sitio—. Los sábados no trabajo, cierro la comisaría y me dejo la porra y el pito en casa.

—¡Jamás volveremos a este parque de delincuentes comunes! —dijo Fama, quitándose una pata de pollo que había salido volando de la pelea y se había depositado en su pelo.

Se montaron en su camioneta: «Fama y Cronopio: taller de creatividad» y salieron pitando, haciendo con las ruedas el mismo ruido que los coches de las películas.

Poco a poco los padres consiguieron separarnos de nuestros rivales, antes de que el Orejones, muerto de risa por su gran idea, rellenara las patas de la Susana (me refiero a las de pollo) con sus garbanzos y utilizara éstas como catapulta.

Ningún padre entendió por qué Fama y Cronopio se habían enfadado tanto. Están acostumbrados a que todos nuestros actos culturales fallen por el lado de la organización.

Aquella tarde mi madre nos puso por decimoquinta vez el vídeo de E.T. mientras ellos se echaban la siesta. El Imbécil y yo lloramos porque ese marciano nos recuerda a nuestro abuelo cuando se quita la dentadura y se ha bebido tres tintos de verano y señala a nuestro bloque y dice: «Mi casa», pensando que nunca será capaz de llegar hasta el sofá-cama.

Abajo, en la calle, en el parque del Árbol del Ahorcado, mi abuelo tomaba el sol rodeado de basura o de miles de obras de arte. Dijo mi padrino, Bernabé, que aquello se había quedado como el Vertedero Municipal o como el Museo de Arte Reina Sofía, según el color del cristal con que uno lo mire.

Los cochinitos

Hasta hace un año y medio yo creía que la Luisa, mi vecina, poseía una de las grandes fortunas del país. Tú también lo hubieras creído si vieras su batidora de cinco velocidades, su robot de cocina, su aspiradora supersónica. Pero mi madre me contó la verdad de la vida:

—A la Luisa lo que le pasa es que siempre está tirándose el pisto.

Y mi abuelo siguió contándome la Verdad de la vida:

—De todas formas, Manolito, ten en cuenta que tener más dinero que nosotros no tiene ningún mérito, es más, está *tirao*.

La Verdad de la vida es horrible, es mejor no saberla.

Así que el día que la Luisa subió a casa a contarnos que a Bernabé, su maridito y mi padrino, le habían ascendido en la empresa y que quería que le diéramos un pequeño pero sincero homenaje y mi madre chilló de alegría incontenible, no sabía si es que la Luisa se estaba tirando el pisto o que mi madre era una persona muy falsa. Una vez más me equivoqué. Mi madre me contó que era cierto, que Bernabé hasta el momento había sido representante de aceitunas con hueso y que a partir de ahora sería también de banderillas, de berenjenas en vinagre y de aceitunas sin hueso y con un trozo de anchoa incorporado. Este tipo de aceitunas sólo se crían en España; no me digas cómo es posible que los agricultores hayan conseguido un olivo que dé aceitunas con anchoas, nadie sabe cómo llegan las anchoas hasta allí, incluso ha habido congresos de científicos americanos estudiando ese tipo

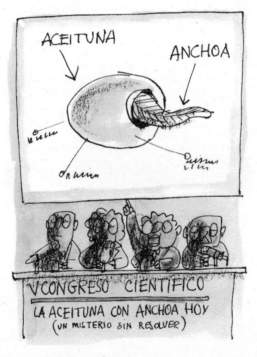

de olivo y no han hallado respuesta; los agricultores no sueltan prenda. Es un misterio tan grande como la fórmula de la coca-cola.

La verdad es que sí que era superimportante que Bernabé fuera ahora representante de aceitunas rellenas. Primero, porque a partir de ese momento no tendríamos que aguantar que el Imbécil se nos atragantara cada dos por tres con el hueso, y segundo, porque Bernabé ganaría más dinero y como es mi padrino y además no tiene hijos me ha dicho que me tiene presente en su testamento, aunque mi madre y la Luisa dicen que no se habla de testamentos cuando hay ropa tendida (la ropa tendida somos el Imbécil y yo).

Mola un pegote que Bernabé sea mi padrino. Cuando nos reunimos por Navidad o para las fiestas de Carabanchel en El Tropezón, acaba bailando la conga y nos deja el peluquín al Imbécil y a mí para que se lo cuidemos porque le suda mucho la cabeza. A la Luisa no le gusta ni un pelo que Bernabé vaya dejando por ahí el peluquín porque le costó mucho dinero en una tienda de la Gran Vía donde se compró Frank Sinatra un peluquín de repuesto cuando vino a cantar a Madrid. Para que veas, mi padrino lleva el mismo peluquín que Frank Sinatra, así que ahora que lo pienso, no es que mole un pegote, es que mola un pegotazo.

El Imbécil y yo acompañamos a la Luisa y a mi madre al hiper a comprar los manjares para el sincero homenaje. Al Imbécil lo montamos dentro del carro de la compra para que no se perdiera, pero como se puso a saltar encima de los huevos hubo que dejarlo en el suelo. Consecuencia: se perdió a los cinco minutos. Mi madre pidió el micrófono a la señorita de niños perdidos para llamarlo por los altavoces:

—Hijo mío, vuelve, tengo un kit-kat para ti.

Es matemático: a los cinco segundos el Imbécil sale de detrás del expositor. Mi madre primero le da una colleja, entonces el Imbécil llora y mi madre le da el kit-kat y unos cuantos besos tipo ventosa. Este número de la pérdida y rescate del Imbécil lo tenemos muy ensayado, lo representamos una vez a la semana más o menos y nos queda bastante bien.

Cargados de manjares llegamos a casa de la Luisa y la Luisa preparó el comedor de las grandes ocasiones y puso unos candelabros en la mesa que casi no dejaban sitio a los manjares. Mi abuelo dice que hace un año soñó que se encontraba a la Luisa por las escaleras, recién levantada, en camisón y con uno de esos candelabros, y que aún siente escalofríos cuando esa imagen vuelve a su mente.

La Luisa nos dijo que Bernabé no sabía que nosotros íbamos a participar en el pequeño pero sincero homenaje, que mi padrino es un hombre muy sencillo y no quiere ir diciendo por ahí que le han ascendido.

—No le hace falta, para eso te tiene a ti.

Esto lo dije yo y no lo dije con mala intención, lo juro con la mano en la Biblia: lo dije porque lo sentía. El codo de mi padre y el de mi madre se me metieron en la boca. Un día me van a tener que comprar una dentadura y lo sentirán porque un niño con dentadura postiza da mucha pena.

A las nueve y cinco minutos oímos las llaves: Bernabé entraba. Todos nos quedamos en silencio. El Imbécil me dijo al oído:

—El nene quiere el hueso.

Qué tío, se había entretenido en ir abriendo aceitunas buscando el hueso. Le da pena perder la costumbre de seguir atragantándose: es muy tradicional.

Bernabé gritó desde la puerta:

—Cochinita, ¿estás ahí?

Casi nos tiramos al suelo de la risa. Nunca hubiéramos podido imaginar que la Luisa era... Cochinita.

La Luisa nos miró con cara de odio reconcentrado.

—¡Sí, aquí estoy!

Le faltó decir: Cochinito. Pero no le hizo falta porque mi padrino Bernabé lo demostró con creces. Lo que a partir de ese momento ocurrió pasará a la historia de Carabanchel Alto y yo fui testigo presencial: Bernabé recorrió todo el pasillo tirándose pedos, unos pedos como truenos monstruosos, unos pedos que no parecían de una persona tan pequeña como Bernabé, de una persona con peluquín; aquellos pedos parecían de un ser de dimensiones sobrenaturales. Por un momento sentí un escalofrío por todo el cuerpo: ¿y si Bernabé se había transformado en un monstruo? Creo que todos sentimos más o menos lo mismo, empezando por la Luisa, que estaba colorada como un tomate, y siguiendo por mis padres y mi abuelo que miraban cada uno hacia un lado. Mi padre miraba fijamente un enchufe, mi madre fijamente un tenedor y mi abuelo fijamente al suelo mientras se mordía con fuerza el labio de abajo. El único que continuaba en su estado normal (llamar normal a su estado es un poco exa-

gerado) era el Imbécil, que seguía buscándole el
hueso a las aceitunas.

Bernabé no se había transformado en ningún monstruo; eso sí, cuando llegó a la salita y
nos vio a todos tan callados se puso al rojo vivo,
parecía un Micky Mouse que tiene el Imbécil en
la mesilla, que se le enciende la cara para que el
Imbécil no tenga miedo por la noche. Bernabé
pasó lo menos treinta segundos tragando saliva y
luego dijo:

—Qué mal sienta a veces la comida.

Entonces pasó una cosa muy extraña:
todo el mundo hizo como que aquellos pedos es-
tremecedores nunca se hubieran oído. Cenamos;
al Imbécil y a mí nos dejaron brindar por el as-
censo y nos pusieron una chispa de champán en
una copa. Bernabé nos prestó su peluquín y nos
acompañó bailando la conga hasta la puerta. Antes de subirnos a casa, mi padrino me dio un

beso y me volvió a recordar lo del testamento y la Luisa y mi madre le echaron la bronca, como siempre.

Nunca nadie ha hecho una broma delante de Bernabé de aquel día en que la comida le sentó tan mal, pero aquella noche mi madre y yo fuimos hasta la cuna de nuestro bebé gigantesco para cantarle una canción como todas las noches y mi madre dijo:

—¿Cuál te cantamos hoy?

Y el Imbécil, que a veces es un cachondo, aunque él no lo sepa, contestó:

—Los cochinitos.

Y mi madre, con lágrimas de risa, empezó a cantar:

Los cochinitos ya están en la cama,
muchos besitos les da su mamá...

Pero no podía seguir de la risa, y entonces vino mi padre y lo intentó, y le pasó lo mismo, y luego mi abuelo, al que se le desencajó la dentadura de la risa asesina que le estaba dando. El Imbécil daba palmas y saltos de verlos a los tres, tumbados en la cama, partiéndose el pecho a carcajadas. Y yo, que también los veía, quise que aquel momento fuera el más largo de mi vida, que no se acabara nunca.

El efecto *mancebo*

Yo no sé qué harán tus padres, pero los míos todos los viernes por la noche se bajan a casa de la Luisa a ver películas no autorizadas.

Normalmente me traen a mi hermanito el Imbécil a la cama para que cuide de él por si se atraganta mortalmente. Nos lo pasamos bestial: si mi abuelo nos brinda su super-ronquido (que en sus buenos momentos puede llegar a despertar al vecino de arriba), nos entra la risa tonta; si echamos un concurso de pedos, nos entra la risa tonta, y si empezamos a mirarnos los dedos de los pies, nos entra la risa tonta. Esas son nuestras tres variedades de diversión los viernes por la noche. No hay más. De vez en cuando el Imbécil se atraganta, le doy un tortazo en la espalda y entonces tose con todas sus fuerzas y nos vuelve a entrar la risa tonta otra vez. Así transcurre nuestra vida.

Pero anoche todo fue distinto, porque el Imbécil estaba malo (otra vez su clásica producción petrolífera de mocos) y cuando está malo lo dejan incomunicado en su cuna porque dos niños contagiados de ese virus asqueroso serían de película de terror.

Me tuve que acostar a su lado en la cama de mis padres para cuidarlo y darle la cucharada a la hora exacta que nos había dejado mi madre puesta en el reloj de alarma. El Imbécil, aunque tiene cuatro años, todavía duerme en la cuna. Lleva chupete y duerme en la cuna. Los pies se le salen ya por los barrotes de lo grande que está. Parece un bebé monstruoso. A veces tengo pesadillas con él.

A mí siempre me toca comerme el marrón de cuidar al Imbécil. Bueno, «comerme el marrón» es la expresión científica, la expresión popular es tener la responsabilidad de cuidar al Imbécil. Y mi madre me deja a mí porque no se fía de mi abuelo, porque mi abuelo duerme a cachos durante la noche y si coincide el cacho que está dormido con el que hay que darle el jarabe al Imbécil la hemos fastidiado. Mi abuelo dice que tiene insomnio y mi madre le dice a la Luisa que lo que tiene es que se pasa el día durmiendo. Primero, el sueño que se echa en el parque del Ahorcado, que desde que el abuelo de Yihad y el mío se han comprado el chándal, se ponen los dos su dentadura postiza, su chándal, su boina y su bufanda y se bajan a echarse la siesta de la mañana haciendo tiempo hasta que salimos del colegio. Luego, después de comer, se duerme con el Imbécil dos telenovelas, y luego también se duerme el programa que haya por la noche. Resultado: llega a la cama, y entre que se tiene que levantar a mear porque está de la próstata y entre que se ha pasado el día durmiendo, no se centra y duerme a cachos.

Por la tarde mis padres se fueron al hiper

a comprar papel higiénico para todo el fin de semana y mi madre me dijo:

—Recuerda, Manolito, seis centímetros cúbicos a las seis.

Nosotros siempre hablamos así en mi casa; parecemos una familia de científicos, pero un poco más sucios.

Total, que llegaron las seis de la tarde. Voy y cojo el cubilete del jarabe y echo los seis centímetros cúbicos. Hasta ahí todo correcto. Voy al salón. Allí estaban mi abuelo, durmiéndose un documental que estaban echando de la reproducción de las cucarachas, y el Imbécil haciendo como que lo entendía. Es un niño muy falso. Al verme aparecer con el cubilete, el Imbé-

cil se puso a llorar como un bestia. Es un niño imposible para los jarabes. Me vuelvo a ir con el cubilete a la cocina haciendo equilibrios para no derramar el líquido curativo y aparezco en el salón ahora sin el cubilete. Le digo al Imbécil:

—Cállate que vas a despertar al abuelo que se está durmiendo este documental estupendamente, aguafiestas.

Dicho esto, le arranco de la boca el chupete al Imbécil. No lo hice por crueldad, lo hice porque cuando le quitas el chupete te sigue por toda la casa. Me siguió hasta la cocina. Le senté en la trona, y al ver el cubilete, ese bebé monstruoso de cuatro años vuelve a berrear, a dar patadas a diestro y también a siniestro. Me tira el cubilete de un manotazo y tira también el frasco del jarabe que estaba encima de la mesa. Adiós jarabe.

Nos quedamos mirando durante dos minutos y medio con «una tensión que se cortaba en el ambiente», hasta que le digo:

—¿Y ahora qué hacemos, niño idiota?

Yo sabía que si mi madre veía el frasco vacío me acabaría echando la culpa a mí. Ella siempre cree al Imbécil, es su ojito derecho y yo soy su ojito izquierdo.

Recogí todo la pringue del jarabe, que mi trabajo me costó, y luego le dije:

—¿Y ahora con qué rellenamos el frasco, niño inútil?

Son cosas que le digo con cariño, créeme. Si no fuera mi hermano no le trataría con esa confianza. Pero volvamos a aquel momento desesperado y a ese frasco vacío. Mi cabeza se puso a funcionar. Como el jarabe era de color rosa, mezclé mermelada de fresas salvajes, leche y azúcar. El azúcar lo eché por animar el asunto. Lo agité y el tío se tomó sus seis centímetros cúbicos sin rechistar. Después de pasarse la lengua por el labio de arriba y el de abajo, dijo:

—El nene quiere más.

Él siempre habla así, en tercera persona, es un niño muy raro.

—Pues el nene se fastidia —le contesté yo—, porque mamá ha dicho que sólo seis centímetros.

Dicho esto, alcé el cubilete como si fuera una copa y me tomé yo otros seis centímetros. Yo no estaba malo, pero es mejor prevenir que curar.

Luego por la noche, como te dije, me fui a cuidarle a la habitación de mis padres, mientras ellos veían películas no autorizadas en casa de la Luisa y mi abuelo dormía uno de sus famosos cachos. No veas lo que le gustaba al tío su nuevo jarabe. No hacía más que mirar el despertador fijamente sin pestañear a ver si sonaba y tomar otro cubilete.

Cubilete a cubilete nos tomamos el frasco entero. Luego lo volví a rellenar para no dejar huellas de nuestra acción. Al final nos bebimos lo menos tres frascos cada uno.

El Imbécil se ha curado de la garganta. Se ve que ha funcionado el típico efecto *mancebo**; es un efecto que han estudiado científicos de todo el mundo, que consiste en que cualquier

---

* Manolito quiere decir *placebo*: sustancia sin valor medicinal que puede producir efecto curativo si el enfermo la toma creyendo que es una medicina eficaz.

medicina te cura aunque sea falsa si tú tienes fe.
Y el Imbécil tenía mucha fe. Hoy ya no le duele
la garganta, los mocos han desaparecido, pero se
le ha pasado la enfermedad a la barriga. Mi madre ha dicho:

—Este niño es un latazo, cuando no es
una cosa es otra.

Hoy mis padres se han ido al cine. Mi
abuelo se está durmiendo una operación de próstata que le grabó la Luisa de la televisión, y yo
no hago más que darle vueltas al nuevo jarabe
que le ha dado el doctor Morales al Imbécil. Es
de color caca líquida, para entendernos. No debería dar el cambiazo, pero el Imbécil me ha mirado con esa mirada suya y me ha dicho:

—El nene quiere jarabe, pero lo quiere
del que hace Manolito.

Y yo no puedo resistirme. Hay veces que
creo que siento cariño por el Imbécil. Soy un
sentimental.

La conciencia tranquila

A estas alturas medio Carabanchel anda comentando por las esquinas el delito que cometí. Un consejo: Si quieres mantener un secreto vete a vivir a otro barrio, en éste es imposible.

Lo más gracioso de todo es que juro que no cometí ningún delito, aunque a estas alturas nadie me cree. Comenzaré mi espeluznante historia desde el principio de los tiempos:

Íbamos el Orejones y yo a la hora de la siesta echándonos manchas en la camiseta (estábamos comiendo un helado) cuando vimos de lejos a Yihad sentado en el banco del parque del Ahorcado.

—Joé, Yihad, qué rollo —dijo el Orejones.

—Un rollo repollo —dije yo, que soy un maniático de la precisión en el lenguaje.

Dicho esto nos encaminamos hacia él. Sí, es cierto, no hay quien nos entienda. Otros se hubieran dado media vuelta. Otros con más dignidad, desde luego.

—Hombre, el Gafotas y el Orejones, qué

chicos más malos, os va a tener que lavar mamá
la camiseta.

Yihad tiene los mismos años que nosotros, pero siempre le gusta chulearse como si
fuera más mayor y andar con chavales de los que
estudian formación profesional en el Baronesa
Thyssen. Últimamente se ha puesto dos pendientes en una oreja y la gorra con la visera para
atrás; no se junta casi con nosotros porque no
nos considera tíos importantes. Así que cuando
nos dijo que nos sentáramos con él nos pusimos
como locos de alegría. Te lo dije: no tenemos
dignidad.

Yihad nos contó que estaba esperando a
los del Thyssen para echar un partidito amistoso.

—Podéis quedaros a mirar.

Le íbamos a dar las gracias cuando hizo
algo que nos dejó con la boca bastante abierta:
del bolsillo de atrás del pantalón se sacó un pa-
quete de tabaco y se puso un cigarro en la boca.

—No os ofrezco: los niños no fuman.

Cuando Yihad se chulea con nosotros de
esa forma al Orejones y a mí se nos pone la clásica sonrisa idiota. Ya sé: otros se hubieran mar-
chado, pero nosotros somos los héroes de la re-
sistencia.

—Mirad cómo enciendo la cerilla.

Yihad cogió la cerilla, le dio con las uñas
y la cerilla se encendió. El Orejones y yo dijimos
a dúo:

—¡Cómo mola!

Luego se metió el cigarro en la boca por
el lado que quema y no hizo ningún gesto de do-
lor. Al contrario, echó luego el humo como si tal
cosa.

—¡Cómo mola! —éstos seguíamos siendo nosotros.

Empezó a hacer anillos con el humo, nos enseñó cómo lo echaba por la nariz y cómo podía hablar dejándose el cigarro a un lado de la boca, como sin darle importancia. Y a cada demostración, el Orejones y yo volvíamos a decir:

—¡Cómo mola!

Entonces llegaron los tíos del Thyssen, todos con sus gorras para atrás, y Yihad se levantó corriendo para irse con ellos. El Orejones se dio la vuelta a la gorra y yo le dije:

—Qué pelota eres, Ore.

En esos momentos me consideraba un niño de principios, un niño con la visera para delante, un niño al que no se puede sobornar fácilmente.

Yihad vino otra vez hacia nosotros:

—Vamos a calentar músculos un rato, ¿alguno de vosotros se ofrece voluntario para sujetarme el cigarro?

Me da vergüenza decirlo, pero la historia no se puede cambiar: el Orejones y yo levantamos la mano muy alto, como si nos supiéramos una pregunta de las que hace la *sita* Asunción en la escuela. Sólo de recordarme con la mano levantada me dan ganas de vomitar.

—Nos podemos turnar —esta gran idea fue del Orejones.

—¡Eso, nos podemos turnar! —el recuerdo de esta frase que yo pronuncié me atormenta.

—Bueno, un rato uno y un rato otro. Sin pelearse, eh —a Yihad de vez en cuando le gusta hacerse el padrecito.

Si el Orejones y yo hubiéramos sido dos perros habríamos movido la colita.

—¿Y quién es el primero? —preguntó el Orejones.

—Para que no haya problemas —dijo Yihad— lo haremos por estricto orden alfabético. Primero, el Orejones, y después, el Gafotas.

—Pero si la O va después que la G —tampoco va uno a callarse siempre.

—Bueno, pues da igual, primero el Orejones. Ves, eso te pasa por hacerte el listo, Manolito —me dijo el gran jefe.

Le dejó el cigarro al Orejones y se fue a dar patadas mortales al balón. Los chicos del Baronesa no le pasaban pelota, así que Yihad cada poco venía a dar una calada.

—Ahora le toca al Gafotas.

¡Por fin! Me había tocado. No es por nada, pero sujetaba el cigarro como si me hubiera pasado toda la vida fumando, como un maestro, y es que uno es un gran observador.

Dejé de ser aquel niño de principios que era hacía un momento y me puse la gorra con la visera para atrás. Pensé que si en ese momento pasaba por el parque del Ahorcado un cazatalentos del cine me hubiera contratado al instante.

—Eh, tú, chaval, ¿tienes alguna experiencia como actor? —me diría el cazatalentos.

—¿Y qué es la experiencia comparada con el talento innato? —le contestaría yo con mi cigarro en la mano.

Pero los grandes productores del cine no suelen pasar por mi parque. No les pilla de camino. A quien sí que le pilla de camino es a mi madre, que todas las tardes se baja con el Imbécil a darle de comer sus yogures. Al Imbécil, en vez de comerse los yogures con azúcar, le gusta comérselos con tierra. Es un niño de comportamientos extravagantes. Así que no me extrañó verlos, lo que me extrañó es que mi madre vino corriendo hacia mí. Su mirada era terrorífica, de las que helarían la sangre a cualquier hijo. Estaba claro que no corría para demostrarme su cariño. Yo pensé: «¿Qué habré hecho tan malo en las úl-

timas veinticuatro horas?» Eso es lo peor que te puede pasar en la vida, saber que te la vas a cargar y no saber por qué.

Mi madre se puso delante de mí, jadeando como esas mujeres de las películas que se enfadan con toda su alma.

—¿Qué haces con ese cigarro en la mano?

Así que era eso. Menos mal que por esta vez mi madre se equivocaba y me tomaba por lo que no era: por un fumador empedernido.

—Se lo estoy sujetando a Yihad.

Pero el gesto de mi madre no cambió. De vez en cuando enseñaba un poco los dientes, como hace la perra de la Luisa cuando quiere pelea. Habría que explicárselo mejor.

—Primero se lo ha sujetado el Orejones y ahora me toca a mí —no sabía qué había de malo en sujetarle el cigarro a un amigo.

Mi madre llamó a Yihad:

—Yihad, ¿este cigarro es tuyo?

Yihad se acercó, dijo que no con la cabeza y se volvió con sus colegas.

—A mí no me mire —le dijo el Orejones a mi madre—, yo no sé nada de ese cigarro.

«Cerdo traidor», pensé yo con odio reconcentrado. Mi madre me dijo:

—Ponte bien la gorra, sinvergüenza, que no te puedo dar una colleja.

Me puse la gorra como siempre y puse la nuca para facilitarle el trabajo a mi madre. La colleja cayó implacable. Fue un buen trabajo por su parte, lo reconozco.

Después fue imposible convencerla de que yo no había fumado. A ella se le mete una idea en la cabeza y es imposible cambiarla por otra.

Mi padre me dio una charla de hombre a hombre y me dijo que el día que quisiera fumar que lo hiciera delante de él y dentro de los muros de mi casa, sin que me viera nadie.

La Luisa subió un prospecto médico que traía unas normas sobre cómo abandonar el tabaco.

El Imbécil, que siempre quiere imitarme, hacía como que fumaba con el chupete. Y mi abuelo, cuando ya estábamos en la cama, me dijo:

—Eres un nieto digno de tu abuelo: sentido del humor, ironía… ¿Sabes que cuando tu madre me pilla fumando en el bar yo le digo que estaba sujetándole el cigarro a otro?

—Abuelo… Soy inocente.

—Pues claro que sí, majo, cómo no va a ser inocente un niño de ocho años…

Supe entonces que nadie jamás me creería, y como un condenado que cumple una condena injusta y cruel me dormí. Pensé en eso que dice mi abuelo muchas veces:

—Lo importante en la vida es tener la conciencia tranquila.

Yo era el único que podía tener la conciencia tranquila y el único que se había llevado la bronca, así que no comprendía muy bien qué provecho se le sacaba a eso de tener la conciencia tranquila si los demás estaban por no creerte. No creo que al Orejones y a Yihad les importara mucho eso de la conciencia. Ellos no tienen conciencia.

Me puse a imaginar venganzas. Vengarse

del Orejones es bastante fácil: con no hablarle en toda la mañana o no darle la mitad de mi bocadillo (a él siempre se le olvida) ya se pone muy dramático. Pero de Yihad no podría vengarme hasta que pasaran muchos años y yo fuera el dueño de una gran empresa y él viniera a pedirme trabajo. ¿Y si yo no llegara a ser nunca el dueño de una gran empresa y él nunca viniera a pedirme trabajo? Entonces me tendría que tragar con patatas la que me había hecho hoy.

Me quedé dormido y aquella noche soñé que yo era un gángster y que estaba vestido con un traje oscuro con rayas blancas y sombrero y zapatos a dos colores. El Orejones era el camarero del bar y yo chasqueaba los dedos para que me trajera otra copa. A mi lado estaba la Susana, vestida con un traje largo, y me decía:

—Siempre te he preferido a ti, Manolito. Tu inteligencia no se puede comparar a ninguno de los de la banda. Por algo eres el *boss,* el jefe.

Yo sonreía comprendiendo que tenía razón y daba una calada a un puro enorme que tenía en la mano.

—Observa —le decía a la Susana, y hacía con el humo unos anillos enormes que luego se convertían en corazones.

—¡Cómo mola! —decía la Susana con gran admiración.

Entonces yo le daba unos toques al puro para que cayera la ceniza. No caía en el suelo. Caía en la cabeza de Yihad que, por cierto, no sé si te lo había dicho: me estaba sacando brillo a los zapatos.

Fue el mejor sueño de mi vida. De ilusión también se vive.

El nene no está calvo

Mis amigos nunca lo confesarán, pero sé que me envidian. Me envidian por el camión tan grande que tengo y me envidian porque cuando mi padre vuelve los viernes de sus largos viajes, nada más entrar en mi calle, hace sonar dos veces la bocina para anunciarnos su llegada, así que nos enteramos nosotros, pero también se entera todo el barrio.

Lo que más mola es que hay una regla sagrada por la cual mi madre nos tiene que dejar bajar a recibirle sea la hora que sea. Te puede pillar en el wáter, cenando o en la bañera, da igual, hay que echar a correr escaleras abajo y llegar a tiempo para abrirle la puerta del camión y lanzarte a su cuello sin piedad. Mi padre sube los tres pisos con nosotros colgando y diciendo:

—Me vais a matar, ¿qué os da de comer tu madre que cada día estáis más gordos?

El otro día la bocina de mi padre hizo temblar mi barrio a la una de la madrugada. Yo me desperté y me levanté de un salto y me puse las zapatillas en chancleta. Mi madre no me quería dejar bajar porque decía que a esas horas no estaba bien que un niño anduviera por la calle. Yo me puse en la puerta medio llorando y me hubiera puesto de rodillas si hubiera sido necesario:

—¡Si él ha tocado la bocina es que quiere que bajemos!

Mi abuelo gritó desde la cama, con su voz sin dentadura:

—¡Deja que el chiquillo baje a ver a su padre, qué ganas tienes de decirle siempre a todo que no!

Con el grito de mi abuelo el Imbécil se puso a llorar como un energúmeno desde su cuna de bebé gigantesco. Como mi madre no quería sacarlo, él se tiró en picado al suelo. Mientras se tocaba la frente con la mano por el coscorrón que se había dado empezó a señalarme:

—¡El nene quiere con Manolito!

Y por miedo a sus llantos incontrolados nocturnos (tenemos noticias de que se han llegado a oír en Carabanchel Bajo) mi madre nos puso las cazadoras encima del pijama y nos dejó echar a correr. La Luisa, que siempre está alerta por si acecha el enemigo, salió cuando pasábamos por su descansillo:

—¿Y cómo os deja tu madre salir a estas horas?

—Porque su padre es un liante y les toca la bocina —dijo mi madre, asomándose.

—Pues hay niños que han sido raptados en el mismo portal de su casa.

Desde abajo oímos al vecino del cuarto que gritaba:

—A éstos no los aguanta un secuestrador ni una hora. ¿Es que no se puede hacer menos ruido bajando las escaleras?

—¡A dormir, tío pesao! —le dijo la
Luisa.

—¡Cómo voy a dormir, señora, si tiene
usted abierta la portería las veinticuatro horas!

Como salimos a la calle ya no pude oír
más, pero creo que la Luisa le decía que se estaba confundiendo, que la portería la debía tener
su madre.

Mi padre ya había aparcado el camión y
nos alumbró con las luces. Las luces del camión
de mi padre pueden llegar a alumbrar toda la
Gran Vía, eso está demostrado ante notario.
Abrió la puerta y lo de siempre: nos lanzamos a
él como dos garrapatas y así subimos, cada uno
colgado en un brazo.

Mi padre olía al camión MANOLITO y a
sudor. La pena es que cuando llega a casa se du-
cha y ya no huele a bienvenida, que es el olor
que a mí me gusta.

Mi madre intentó descolgarnos del cuello de mi padre. Nos decía que ya era muy tarde para que estuviéramos levantados, pero nosotros nos dimos perfecta cuenta de que lo quería era quedarse a solas con él. Lo quiere todo para ella. Pero fue imposible: nosotros lo habíamos cazado primero. No pensábamos renunciar ni un minuto a nuestra presa: el gran elefante blanco. Así que no les quedó más remedio que admitirnos en la comida. Era la una y media cuando mi madre se puso a hacerle la cena. Con el chisporrotear de los huevos mi abuelo se levantó. Ese sonido es para él como un despertador. Oye el chisporroteo y se va a la cocina y se apalanca en una silla y lo que le pongan delante lo moja en pan y se lo come. Mi madre le dijo:

—Papá, que ya cenaste hace dos horas huevos fritos.

—¿Qué quieres, que me esté en la cama mientras vosotros estáis aquí comiendo a mis espaldas? —mi abuelo se puede poner muy dramático cuando hay huevos fritos por medio.

—Pero si el único que va a cenar es Manolo...

—El nene quiere como el Abu (el Abu es mi abuelo) —dijo el Imbécil dejando el chupete encima de la mesa como primera medida para ponerse a engullir.

—¿Y por qué no haces huevos para todos? Que estoy harto de cenar solo toda la semana —ése es mi padre, el de las grandes ideas.

—¿A las dos de la madrugada?

—Eso tiene buen arreglo, se desayuna a las doce del mediodía mañana y sanseacabó —dijo mi abuelo.

Al momento llamó la Luisa en bata al timbre preguntando que a qué venía ese jaleo, que si había ocurrido algo. A los cinco minutos ya estaba mojando trocitos de pan en los huevos de los demás. Bernabé subió a buscarla y ella le calló metiéndole un trozo de pan en la boca. Nos comimos una barra entre todos, sin contar, claro está, con el Imbécil. Él no utiliza pan para mojar: moja con el chupete. Lo hace para distinguirse.

—¡Qué ricos estaban los huevos, Catalina! —dijo mi abuelo antes de volverse a la cama, y siguió hablando solo por el pasillo—. ¡Qué buena idea esa de comer huevos de madrugada! No tienes ni que ponerte la dentadura. Es una experiencia que tengo que repetir.

Cuando acabamos de cenar mi padre nos hizo la inspección. Nos la hace todos los viernes: el Imbécil y yo nos colocamos muy rectos con la espalda pegando a la puerta de la cocina y nos hace una señal con lápiz a ver si hemos crecido en el tiempo que él ha estado fuera. Tenemos que andarnos con ojo porque en cuanto nos despistamos el Imbécil se pone de puntillas. Últimamente yo estoy muy preocupado porque la distancia entre la raya del Imbécil y la mía es cada vez más pequeña. La verdad, no me haría ninguna gracia tener un hermano pequeño más alto que yo. Qué vergüenza. No podría ni salir a la calle. Y, de vez en cuando, como ocurrió la otra noche, nos dice las palabras mágicas:

—A estos niños hay que pelarlos.

En cuanto el pelo nos tapa un poco las orejas nos lleva el sábado a su peluquero, al señor Esteban.

Mi padre dice que el señor Esteban es un maestro de la tijera. El señor Esteban tiene parkinson, pero nunca le ha cortado a nadie ni una oreja ni dos. Su tijera se acerca temblorosa a la cabeza de un bebé con tres pelos o de un viejo con tres pelos. El bebé llora aterrado, el viejo cierra los ojos y dice las que cree que serán sus últimas palabras. La gente en la barbería contiene el aliento y traga tres litros de saliva por cabeza. ¿Y qué es lo que sucede? No sucede nada. Mi abuelo dice que es un corte de pelo con emoción y suspense y que eso también se paga.

A la mañana siguiente mis padres se fueron a tomar su vermú de los sábados al Tropezón. Mi padre dijo:

—Dentro de media hora bajáis y nos vamos al señor Esteban.

Entonces fue cuando a mí se me ocurrió la gran idea del siglo XX: les ahorraría a mis padres el dinero del pelado del Imbécil. Al fin y al cabo para los pocos pelos que tiene… Sería una gran sorpresa; diría todo el mundo:

—¡Qué bien le ha dejado el señor Esteban la cabeza al nene!

—No ha sido el señor Esteban —diría mi madre—, ha sido mi Manolito.

Metí al Imbécil al wáter conmigo y le senté en un taburete. Le consulté primero, claro, no me gusta forzar a nadie:

—¿Quiere estar el nene guapo?

—El nene guapo.

Esto quiere decir que dio su consentimiento. Es que su lenguaje sólo lo entendemos los expertos.

Entonces empezó la operación; quise que todo fuera perfecto: cogí una toalla y se la puse como una capa, luego le di una revista de mi madre y se la abrí por el reportaje del romance de Melanie Griffith y Antonio Banderas. Le debió gustar mucho porque ya no se movió de esa página. De vez en cuando señalaba a Melanie y decía:

—La Luisa.

Más que un gran fisonomista es un optimista.

Había llegado el momento de la verdad: cogí las tijeras y empecé mi obra de arte. Primero le fui quitando todos los rizos de atrás; eso sí, quería dejarle una coletilla como la que llevaba Yihad el año pasado. La coletilla, en vez de quedarme abajo en la nuca, me quedó muy arriba. Lo miré: por un momento me pareció un Hare-krishna. Bueno, no tenía importancia. Seguí con la parte de delante. Le quité un cacho de fle- quillo por un lado, luego otro cacho por el otro. No sé por qué nunca me quedaba igualado, así que tenía que cortar ahora a un lado y luego al otro, así muchas veces. Hasta que no pude seguir porque ya no le quedaba pelo. Qué raro estaba: calvo con la coletilla por detrás, calvo por de- lante, y por en medio su pelo de siempre. Tuve que ponerme con la parte central hasta que inex- plicablemente lo dejé calvo también por ahí. Lo único que sobresalía de su cabeza era el rizo aquel. De pronto el rizo en aquella cabeza rosa me pareció el rabo de un cerdito. No se puede decir que estuviera guapo. Estaba... original.

—¿Te gusta? ¿A que el nene está muy fresquito?

El Imbécil abandonó por un momento a Melanie para mirarse en el espejo:

—El nene está calvo.

—No está calvo, mira... —le di un es- pejo pequeño para que se mirara por detrás, como hacen en las peluquerías, y le enseñé su ra- billo. Se lo miró una y otra vez con mucho dete- nimiento. Finalmente, dio su aprobación:

—El nene guapo.

Le encantó. Menos mal, es un niño muy exigente. Pero yo no las tenía todas conmigo. Es- taba temiendo que otras personas no valorasen la originalidad del peinado. Esas otras personas a las que yo estaba temiendo nos estaban espe- rando en el portal. Eran... mis padres.

Mi madre se quedó con la boca abierta.

El Imbécil se dio una vuelta completa y dijo cogiéndose la coletilla:

—El nene no está calvo, el nene guapo.

—Y... fresquito —dije yo con una de esas sonrisas que nadie te agradece.

Las consecuencias de mi corte de pelo fueron terribles: me castigaron sin salir toda la tarde del sábado y sin ver la tele. Pero eso no fue lo peor, eso lo hubiera soportado con resignación. Lo peor fue que al Imbécil mi madre le cortó su coletilla de monje tibetano y no paró de llorar, no paró de llorar hasta que se acostó por la noche. Y no exagero.

La novia de España

Mira que yo soy un tío optimista y que he aguantado en mi vida muchas malas pasadas del destino; por ejemplo, la primera en la frente: fui a nacer un diez de agosto, un día que no le deseo para nacer ni a mi peor enemigo. Si naces un diez de agosto, todos tus amigos están de vacaciones; ¿quien va a tu cumpleaños?: la Luisa y Bernabé, el Imbécil, mi abuelo y mis padres. Ah, y de estrella invitada el Orejones, que no me lo despego ni para mear (solemos ir juntos). Y ya que te he contado la primera mala pasada te cuento la última: La *sita* Asunción dice que no progreso adecuadamente en matemáticas y mi madre lo repite delante de las personas para ver si me pico y me convierto en ese niño perfecto que nunca fui. Me molesta, pero no consigue comerme la moral.

Ya te digo, soy un optimista nato. Sin embargo, hay cosas que me ponen *atacao;* entre esas cosas está el que Yihad me gane todos los días en el recreo los supertazos que mi abuelo me compró la tarde anterior. Me deja limpio en un pis-pas y después dice:

—Qué inútil eres, Manolito.

Y pasa al siguiente, que suele ser el Orejones.

El otro día me ganó nueve supertazos en un tiempo récord. ¿Y qué hice? Me fui a un rincón del patio y me puse a pensar en la posibilidad de convertirme en Conan el Bárbaro y liarme a espadazos con ese majadero. Le cogería de la chupa con la espada y lo dejaría colgado del Árbol del Ahorcado hasta que lo encontrara su madre. Bueno, antes lo vería mi abuelo, que se va todas las mañanas a dormir al parque; pero mi abuelo seguro que no lo descolgaba, porque mi abuelo le tiene más tirria todavía que yo, y ya es decir.

Lo de Conan el Bárbaro me pareció en seguida una tontería; yo nunca podría darle su merecido a nadie, así que me dediqué a odiarle en silencio y luego a sentirme el ser con peor suerte del mundo mundial.

Odiándole estaba cuando se me acerca la Susana Bragas-sucias, me entrega un misterioso papel y después de sonreírme enigmáticamente se larga. En aquellos momentos tan bajos de mi vida yo me esperaba un mensaje tipo:

«No eres más inútil porque no te entrenas, Manolito.»

Pero esto fue lo que me encontré:

Gafotas. Has sido elegido entre muchas personas para celebrar conmigo mi cumpleaños el próximo lunes. No te machaques el cerebro para elegirme el regalo; he pensado que es más cómodo que me des el dinero. ¡No hables de esto con nadie!

Firmado: La Susana.

Me quedé terriblemente conmocionado, con la boca completamente abierta. Yo creo que hasta me tragué uno de esos moscardones que sobrevuelan mi colegio en los días de primavera. Son unos moscardones que sólo se dan en Carabanchel Alto. Forman parte de la fauna y la flora de mi barrio, y tenemos la suerte de que no están en peligro de extinción: podemos matar los que queramos, se reproducen como moscas.

Bueno, puedes pensar que se me había puesto cara de tonto, puedes pensar lo que quieras. Yihad y el Orejones se acercaron.

—¿Se puede saber qué te estaba diciendo la Susana? —dijo Yihad.

Cerré la boca para tragar saliva, que falta me hacía:

—Nada, que por qué estaba aquí en un rincón tan triste.

—¿Que la Susana te ha preguntado que por qué estás triste? ¡Ja! La Susana pasa de que tú estés triste. La Susana no te ha dicho eso. ¿Tú qué dices, Orejones?

—Yo…—el Orejones me miró a mí y luego miró a Yihad—, pues que no, que eso no es lo que le ha dicho la Susana.

Yihad me señaló con el dedo y dijo bastante amenazadoramente:

—Mira lo que dice tu amigo, que te conoce mejor que nadie…Ten cuidado, Manolito, la Susana es mi novia.

Y se fue, dejándonos al Orejones y a mí frente a frente.

—Eres un cerdo traidor —le dije yo al Orejones.

—¿Y tú qué hubieras hecho en mi lugar?

—Yo siempre me hubiera puesto de tu parte, Orejones.

Mentira podrida. Yo también soy un cochino traidor, pero eso es algo que no confesaré nunca.

Me daban igual las amenazas del chulito. Yo había sido el elegido por la Susana, me pedía que guardase el secreto. La Susana estaba por mí.

A mí guardar un secreto me cuesta mogollón. Necesito expulsarlo como sea, igual que Bernabé, el marido de la Luisa, necesita expulsar los gases cuando vuelve del trabajo. Me hubiera gustado ir a la escuela con un cartel que pusiera en letras mayúsculas:

LA SUSANA ESTÁ POR MÍ

Pero no podía arriesgarme a contárselo a cualquiera, así que pensé que mi abuelo era el único habitante del Planeta en quien podía confiar, y cuando estábamos en la cama se lo conté con pelos y también con señales. Mi abuelo se puso la dentadura para decir:

—Joé con la Susanita.

—Abuelo, sólo tengo mil pesetas en mi cerdo, ¿me puedes hacer un préstamo de otras mil pesetas?

Y me las dio. Yo hice todo lo posible por agrandar el agujero que se me estaba haciendo en la rodilla del chándal, y después de enseñárselo a mi madre y poner la nuca para que me diera la colleja que me merecía, fui con ella a comprarme uno nuevo.

Mi madre encontró una de sus alucinantes ofertas: con tres chándales de adulto de las Tortugas Ninja regalaban dos chándales de niño de las Tortugas Ninja. Uno para mi madre, otro para mi padre, otro para mi abuelo, otro para mí y otro para el Imbécil.

A mi madre le dan ganas de matarnos a besos cuando el Imbécil y yo vamos vestidos iguales; no me preguntes por qué. Es uno de esos enigmas a los que la ciencia no ha dado respuesta.

Durante toda la semana procuré hablar lo menos posible para que no se me escapara mi terrible secreto. No me fue difícil, porque tanto el Orejones como Yihad también estaban bastante callados.

El tiempo se me hizo muy largo hasta el lunes siguiente, pero el lunes siguiente llegó, como suele pasar en todos los países europeos. Y por la tarde me lavé los pies sin que mi madre me lo pidiera a gritos. Me lavé los dientes, y eso que a mí no me gusta abusar de la limpieza. Oí que mi madre le decía a la Luisa en la cocina:

—No sé qué le pasa: se está lavando.

—A ver si le vas a tener que llevar otra vez a la psicóloga porque ha sufrido un cambio repentino de personalidad —le dijo la Luisa para tranquilizarla.

Saqué mi chándal nuevo del cajón, me peiné con la onda Supermán, me eché loción para después del afeitado de mi padre, cogí el sobre con el dinero y me eché un último vistazo al espejo. No es por nada, pero cuando me arreglo tengo un punto. Tomé aire antes de salir del

cuarto de baño y encaminarme al cumpleaños
más importante de mi vida.

Mi madre y la Luisa, que estaban senta-
das en el sofá, me miraron salir con cara de preo-
cupación.

—¿Te encuentras bien, hijo mío?

—¿Quieres que te acompañemos? —dijo
la Luisa.

¡Que si me acompañaban!, decían. ¿Es
que alguien acompaña a Supermán en las gran-

des misiones? ¿Es que el Zorro necesita ayuda en los momentos difíciles? ¿Es que Batman ha llamado alguna vez a los bomberos, al 091? ¿El Hombre Araña ha reclamado una escalera de incendios para trepar por una pared?

Ésta era una misión secreta. Manolito no necesita a nadie.

Me abrió la madre de la Susana, mi futura suegra, y me dijo:

—Hombre, Manolito, qué alegría verte.

Pero cuando entré en el salón supe que tendría que compartir a la suegra y a la Susana con Yihad, con el Orejones, con Paquito Medina, con Arturo Román, con Oscar Mayer... Estaban todos. Todos llevábamos el mismo chándal, todos nos habíamos hecho la onda «Supermán», todos nos quedamos mirándonos los unos a los otros. La madre de la Susana rompió el hielo:

—Bueno, chicos, la mesa está llena de sandwiches.

Comimos como no comemos nunca: con mucha educación, y cantamos el cumpleaños feliz como si fuéramos los Niños Cantores de Viena.

—¿Lo estáis pasando bien? —preguntó la madre.

Y todos dijimos que sí con la cabeza. La madre preguntó:

—¿Y... nadie le ha traído un regalo a Susanita?

Entonces todos nos sacamos del bolsillo del chandal un sobre y lo dejamos encima de la mesa. La Susana los recogió rápidamente.

—Bueno, como ya hemos terminado, ¿nos podemos ir al parque del Ahorcado? —dijo

Arturo Román, que siempre dice aquello que nadie se atreve a decir.

Nos tiramos como locos a la puerta. Había que salir de aquella casa en la que se mascaba la violencia. Al cabo del rato bajó la Susana y nos interrumpió por el morro una partida de chapas. Ella es así. Y mirando para el suelo dijo:

—Mi madre ha dicho que os devuelva el dinero, que eso no se hace, que parezco una negocianta, que me tenéis que comprar cada uno lo que queráis.

—¿Se puede saber por qué nos dijiste que no le dijéramos a nadie lo del cumpleaños? Si al final hemos venido todos —le preguntó Yihad.

—Eso —dijimos todos los Niños Cantores.

—Os dije que tuviérais en secreto lo del dinero, no lo del cumpleaños, idiotas. Me habéis estropeado el *walkman* que tenía pensado comprarme.

Qué carácter tiene la niña. Y se fue.

Como no somos rencorosos juntamos el dinero y el Orejones y yo quedamos encargados de ir a Alcampo a comprarle el *walkman* de sus sueños. Nos llevaron nuestras madres, que se presentaron con el mismo chandal de la oferta. Mi abuelo y el abuelo de Yihad nos esperaron en la puerta; venían de hacer la ruta del colesterol: iban con el mismo chandal. Este domingo fui a comprar los churros con mi padre: padres, hijos, abuelos, todo Carabanchel iba con el mismo chándal. Aquel chandal era como la Susana: uno creía que era el único en el mundo que iba a llevarlo, y uno tenía que jorobarse porque Caraban-

chel se había convertido en el último refugio de
las Tortugas Ninja.

Por mucho que se empeñara el chulito de
Yihad, la Susana no era su novia, ni la del Orejones, ni la mía. La Susana era la Novia de España.

Supermán-Olito

Mi madre y la Luisa estaban encantadas con que el lunes pusieran en la tele Supermán. No es porque sean unas fanáticas de Supermán, no te equivoques, ellas pasan de hombres voladores; es que cuando echan Supermán pueden irse tranquilas a la calle: saben que el Imbécil y yo estaremos atornillados al sofá hasta que salga un *The End* como una catedral.

Media hora antes de que mi madre se fuera la casa se llenó con el ruido de sus tacones y de una colonia que le compró mi padre para ahuyentar a todos los hombres del mundo. Al rato subió la Luisa a buscarla: los tacones se multiplicaron por dos y también las colonias. El Imbécil dijo:

—El nene huele a peste.

Al ver que mi madre y la Luisa se tronchaban les dije:

—Si llego a hacer yo ese comentario me hubiérais asesinado.

Y mi madre se quejó a la Luisa de que yo la tenía frita, que estaba todo el día pendiente de mi hermano para chincharle y que con hermanos como yo el mundo siempre estaría en una guerra civil, y terminó su terrible discurso gritando:

—No te preocupes, porque verás Supermán tú solo; al nene nos lo llevamos nosotras, para que no te moleste, que parece mentira que sea tu hermano, la manía tan grande que le tienes.

Entonces el Imbécil tuvo un gesto humanitario que yo nunca olvidaré: se quitó el chupete para decir:

—El nene quiere con Manolito.

Mi madre se quedó mirándonos como si fuéramos los hijos de su peor enemiga.

—Vámonos —le dijo a la Luisa—, y que se maten entre ellos.

Dieron un portazo y los dos nos tiramos hacia la ventana. No íbamos a decirles adiós, estaría bueno, íbamos a abrirla porque estábamos a punto de morir asfixiados por la mezcla de aquellas dos colonias mortíferas.

No le deseo a nadie que se quede encerrado con la Luisa y su colonia en un ascensor. Me estoy reservando ese argumento para cuando me haga director de películas de terror: *La enigmática asesina del ascensor.* Esa será la historia con la que daré el salto a la fama.

Esos pensamientos ocupaban mi mente cuando sonó la música de Supermán. Nos volvimos como poseídos por una fuerza superior al sofá. El Imbécil enterró su chupete en el azúcar y se me echó encima; yo me llené la boca de chococrispis y pensé que si no fuera porque tenemos que compartir a los mismos padres, el Imbécil sería el mejor hermano del mundo. No estuve pensando eso mucho rato; comprenderás que ponerse a pensar en tu familia viendo Supermán es una tontería muy grande.

Íbamos por la mitad de la película cuando, de repente, la tele empezó a tener graves interferencias. Fue entonces cuando nos dimos cuenta de que el cielo estaba negro y llovían piedras. Se oyó el trueno más grande de mi vida en este Planeta y nuestra casa tembló. Al Imbécil también le empezó a temblar la barbilla. Cuando al Imbécil le tiembla la barbilla es porque llora con el corazón, no como esas veces que se pone a llorar por fastidiar. La tele se fue del todo. Supermán había decidido abandonarnos.

Tragué saliva y tomé una gran decisión: sería ese hijo mayor con el que toda madre sueña. Se me conocería como Manolito el Protector, *Supermán-olito*. Ahora sabría mi madre lo que era capaz de hacer: seria el típico niño heroico.

Cogí a mi hermano en brazos, carraspeé como hacen los tíos duros de las películas y le dije:

—No temas, pequeño, es una simple tormenta. Recuerda esto: después de la tempestad viene la calma.

Qué discurso. Yo mismo me quedé impresionado. Lástima que según acabé un rayo iluminó terroríficamente el salón y otro trueno hizo vibrar las paredes de la mansión de los García Moreno. El Imbécil, que en principio se había quedado pensativo con mis palabras, volvió a llorar con más fuerza si cabe.

La habitación estaba cada vez más oscura, así que, con el Imbécil en brazos (16 kilitos

que me pesa el tío), fui a encender la luz, pero la
luz, como Supermán, nos había abandonado.

A pesar de que cada vez resultaba más difícil ser *Supermán-olito,* volví a tragar saliva (a

mí saliva nunca me falta) y me senté otra vez en
el sofá, introduje el chupete en el azúcar hasta tenerlo completamente hundido y se lo metí al Imbécil en la boca aprovechando que la había

abierto para llorar. Comprenderás que entre los rayos, los truenos, el viento y los gritos del Imbécil aquello se parecía a *La Familia Addams: La tradición continúa*. Incluso yo, *Supermán-olito*, ese niño de una inquebrantable sangre fría, se estaba empezando a poner nervioso. Durante un minuto los llantos del Imbécil cesaron y se concentró solamente en el azúcar haciendo su ruido favorito:

—Goño-goño-goño-goño-goño…

—No me preguntes qué significa. Han venido académicos de la Real Academia de la Lengua a descifrar esa extraña palabra, pero no han logrado encontrarle sentido.

El agua estaba empezando a entrar por la ventana y a mojar nuestro querido mueble bar. Yo pensé: «Así empezó el Diluvio Universal». Pero por lo menos Noé tenía a toda su familia, unas gallinas, unos caballos, unos elefantes, en fin, personas a quien recurrir en los momentos bajos de la vida. Si mi bloque se inundaba, sólo tendría al Imbécil. ¿Por qué no venía de una vez por todas mi madre a salvar a sus hijos de esta catástrofe natural? ¿Seguiría probándose bañadores en Alcampo mientras su hijo mayor tenía que hacerse cargo de todo?

Me levanté para cerrar la ventana, pero vino un golpe de viento y la ventana se estrelló y el cristal se rompió. Yo me pregunto qué hubiera hecho Supermán en aquella aterradora situación. Yo os pregunto: ¿Qué habríais hecho vosotros que os creéis tan valientes? *Supermán-olito* se llevó a su hermano y al azucarero a un refugio atómico seguro: el armario de mis padres. Cerré bien el armario desde dentro y allí nos quedamos, sentados entre todos los zapatos de mi madre (que no olían) y los de mi padre (que olían bastante).

Lloramos un poco al principio; menos mal que *Supermán-olito* había tenido la precaución de llevarse el azucarero, así que el Imbécil con el chupete y yo con el dedo nos fuimos consolando bastante. Nos consolamos mucho. Tanto que llegó un momento en que debimos quedarnos dormidos.

Al cabo del rato se oían muy lejos otra vez los tacones, pero yo tenía mucho, mucho sueño. Además, no me atrevía a salir porque estaba seguro de que me la acabaría cargando. El

Imbécil se despertó y yo le dije muy bajo que no se le ocurriera hablar. Así estuvimos por lo menos cinco ratos. Permaneceríamos allí días, meses, incluso años. De repente, la puerta se abrió y vimos a la Luisa que gritaba:

—¡Cata, que están aquí!

Mi madre vino corriendo. Se nos quedó mirando cómo estábamos, ahí entre los zapatos, con el Imbécil pegado a mí como una lapa. Yo ya tenía la nuca preparada para recibir una colleja histórica, pero me quedé con las ganas. Lo que pasó es que nos sacaron del armario, nos dieron un vaso de leche y unos bollos. Mi madre me sentó encima de ella y me dijo:

—Manolito, ¿no le dirás a papá que os habéis quedado solos durante la tormenta?

De repente, se me hizo la luz, me di cuenta de que la tenía en mis manos, de que si mi padre se enteraba del susto que habíamos pasado le echaría la bronca. «¿Qué hago?», me pregunté saboreando aquel momento...

—No, mami, no le diré nada a papá.

—Eres mi niño favorito —me dijo al oído.

Y aunque yo sabía que no era verdad, que sólo lo decía por comprar mi silencio, porque su preferido, lo sabe España entera, es el Imbécil, y aunque conociéndome sabía también que más tarde o más temprano yo acabaría chivándome a mi padre, me quedé sentado encima de ella durante toda la cena.

¿Qué pasa? *Supermán-olito* también tiene sus debilidades.

La tía Melitona

Un día la Asunción entró en clase cargada con una caja enorme de cartón. Comprenderás que esto nos puso muy nerviosos.

—¿Qué hay en la caja? —preguntó Arturo Román, que siempre pregunta lo que está escrito en nuestras veinticinco mentes.

La Asunción no dijo nada, nos dirigió una sonrisa cruel y de una forma bastante misteriosa se dio la vuelta para ponerse a escribir en la pizarra.

Mientras ella escribía, los veinticinco niños que somos nos fuimos aproximando lentamente hasta la caja. Primero sin hacer ruido y treinta segundos más tarde al estilo de los indios de Arizona: saltando unos por encima de los otros. Cuando Yihad estaba ya subido en la mesa la *sita* se volvió y gritó:

—¿Qué hacéis? ¡A vuestro sitio, delincuentes!

Nos volvimos a los asientos. En el aire retumbaban los latidos de nuestros veinticinco corazones. Pero la sorpresa fue que la *sita* no siguió con la bronca. Sonrió con sus dientes inmensos y dijo:

—A partir de hoy vamos a dedicar una hora a ensayar una canción para el Festival de Fin de Curso. Quiero que vuestros padres se queden impresionados, quiero que piensen: «Dios mío, si no parece mi hijo, si parece una persona y no ese proyecto de delincuente que vuelve todos los días de la escuela dando patadas a la cartera.»

Ésa es la opinión que la *sita* Asunción tiene de nosotros. A la *sita* Asunción hay que reconocerle una virtud: la sinceridad.

Cuando terminó de insultarnos, abrió la caja y fue sacando panderetas, un tambor y una botella de anís del Mono. Después lo repartió. Yihad, que tiene mucho morro le dijo:

—*Sita*, si me deja a mí el tambor le juro que no tendrá ni una queja de mí en los próximos veinticuatro días.

La *sita* acepta esos tratos ilegales porque sabe que es un problemático. Un niño de la mafia de Chicago no le llega a Yihad a la suela del zapato. A mí me dio la botella de anís del Mono porque le dije que, como es el anís que bebe mi abuelo, la toco todos los días con la música del telediario. Mentira podrida: no la toco para hacer música, la toco para hacerle a mi abuelo un cóctel que se llama Palomita. Son cuatro partes de anís y dos gotas de agua. Las dos gotas de agua las echamos para que mi madre se quede más tranquila, porque ella dice que no le gustan los viejos borrachuzos.

Una vez que tuvo distribuidos los instrumentos la *sita* terminó de escribir nuestra canción en la pizarra. La canción se llamaba *La Tía Melitona,* y trataba de una mujer que no podía hacer un pan porque no tenía los ingredientes necesarios:

La tía Melitona ya no amasa el pan,
le falta el agua, la harina y la sal;
y la levadura la tiene en Pamplona;
por eso no amasa la tía Melitona.

La canción es mucho más larga, pero yo te digo la parte donde se cuenta el cogollo de la cuestión.

Durante los días siguientes empezamos los ensayos. Las dos primeras frases las cantaba Mostaza, que es el niño más bajo de mi clase; por eso le tengo tanto cariño. Si no existiera Mostaza me tocaría a mí ser el más bajo, así que le estoy eternamente agradecido. A veces me siento su protector, aunque Mostaza ni se entera ni necesita que nadie le proteja. Le llamamos la Hormiga Atómica porque es un tío super-rápido y además es el que mejor canta.

Total, que Mostaza empezaba con las dos primeras frases:

La tía Melitona ya no amasa el pan,
porque le falta el agua, la harina y la sal...

Y luego le seguíamos los demás cantando lo de la levadura y tocando nuestros instrumentos; y, para ser sincero, una vez que entrábamos a mogollón no se entendía nada.

Al principio lo hacíamos fatal, pero no nos movíamos de nuestro sitio; luego lo seguimos haciendo fatal, con la diferencia de que empezamos a pelearnos. Yihad le tiró el palo del tambor al Orejones porque decía que el Orejones tocaba tan fuerte la pandereta que no se oía su tambor. El Orejones, que es un cerdo traidor y además tiene reflejos, agachó la cabeza y el palo de tambor me dio en las gafas yo solté la botella de anís del Mono del susto y la botella se rompió.

Aquella tarde mi abuelo tuvo que beberse cuatro palomitas para acabar su botella y que yo la pudiera llevar a la escuela. Mi abuelo hace cualquier cosa por mí. Se las tuvo que beber a espaldas de mi madre y sabiendo que más tarde o más temprano sería descubierto, porque mi madre le mide con el metro de la costura lo que ha caído en el día.

La *sita* le quitó el tambor a Yihad y se lo dio a la Susana. También le quitó la pandereta al Orejones porque el tío se había emocionado demasiado y se ponía a darse panderetazos en las rodillas y en los codos y la *sita* le dijo que dejara esas gracias para cuando estuviera en la tuna.

A los que cantaban peor la *sita* les enseñó a hacer un play-back y los demás protestamos enérgicamente; todos queríamos hacer un *play-back*, que es lo que hacen los cantantes que han llegado a la cima. La *sita* distribuyó los papeles una vez más; dijo que a partir de ahora no admitiría ni más broncas ni más protestas:

—¿Alguna duda?

Arturo Román, que está en su mundo, levantó la mano:

—Yo no entiendo por qué esa mujer tiene la levadura en Pamplona, ¿Es que no tiene a nadie que se la traiga a Madrid o que la mande por mensajero? Si alguien se la mandara por SEUR la levadura estaría aquí en menos de veinticuatro horas.

Los más valientes se rieron de oreja a oreja y los más cobardes nos reímos de orejas para dentro porque sabemos que a la *sita* no le gustan esos comentarios.

La *sita* le dijo a Arturo Román que se fuera de la clase un rato por gracioso. La *sita* se equivoca: no se hace el gracioso, es que su cerebro es para donarlo al Museo de Ciencias Naturales.

A la semana siguiente la profe decidió

pasar a la segunda parte: el baile. Unos cantarían, otros harían *play-back*, algunos tocaríamos instrumentos y una pareja bailaría en el centro. La *sita* dijo que empezáramos a cantarla y que ella nos haría una primera demostración. Mostaza se levantó, hinchó el pecho de aire y empezó:

La tía Melitona ya no amasa el pan,
le falta el agua, la harina y la sal...

Pero le salió un tremendo gallo inesperado y todos nos matamos de risa. Algunos se cayeron al suelo. Yo me aguanté porque a mi abuelo le había sentado fatal el anís el día anterior, mi madre llevaba prohibiéndole las palomitas toda la semana y si yo rompía la botella no tendría a nadie que se bebiera otra entera.

—¿Qué ha pasado, Mostaza? —dijo la *sita* gritando entre el jaleo que se había montado.

—Que tengo un pollo, *sita* —dijo Mostaza mirando al suelo, mientras las carcajadas volvían a oírse tan fuertes como la primera vez.

—¡No se dice que tengo un pollo, hombre! —le gritó la *sita*.

—Es que no conozco otra forma de decirlo —dijo Mostaza, que seguía mirando para abajo.

—Lo que tienes es una flema, que no sabéis ni hablar. ¡Vete al baño a aclararte la garganta! —Mostaza se fue y la *sita* se dirigió a nosotros— Y vosotros no os riáis que sois todos iguales, delincuentes.

A los tres minutos, Mostaza volvió a entrar rojo como un tomate y se colocó en su sitio. Tomó aire, carraspeó y empezó una vez más:

La tía Melitona ya no amasa el pan,
porque le falta el agua, la harina y la sal...

Y luego seguimos todos, gritando como posesos y aporreando los instrumentos. La *sita* empezó a bailar como una loca una especie muy rara de jota. Estaba emocionada y daba brincos en el aire. Todos habíamos empezado a cantar mucho más lento porque estábamos bastante alucinados. Nunca habíamos asistido a un espectáculo semejante con las piernas descontroladas por los aires. Yo, personalmente, nunca la había visto levantar los pies del suelo. Sólo para andar, claro. Arturo Román, que seguía expulsado, abrió lentamente la puerta y preguntó:

—¿Qué hace?

No supimos responderle. Entonces, en uno de esos brincos mortales, la *sita* perdió los pies, o por lo menos no los encontró a la hora de ponerlos en el suelo, y cayó de culo. Nos pusimos enfermos de la risa. Yihad empezó a imitar la forma en que la *sita* se había caído y luego seguimos los demás, tirándonos en picado. De repente, oímos a la *sita* decir con voz muy baja y sin levantarse del suelo:

—Decirle al conserje que venga.

Entre el conserje y tres profesores tuvieron que llevarse a mi *sita* porque mi *sita* está bastante gorda. Cuando vimos que la montaban en una ambulancia nos quedamos un poco cortados.

Ahora ya hace dos semanas que no tenemos *sita* propia. Nos cuida el señor Solls, el conserje, y la *sita* nos manda los deberes desde el hospital. Es que se rompió la cadera.

Esta tarde mi abuelo Nicolás y el señor Solls, el conserje, nos llevaron a verla. Está en una habitación con dos señoras que también están gordas, pero eso ha sido casualidad; no es que en los hospitales pongan a las gordas en habitaciones separadas.

La llevamos unas flores y una caja de bombones que nos comimos entre todos (incluso a ella le tocó uno). Luego le dijimos que cerrara los ojos. Cuando los abrió, todos estábamos en

nuestros puestos, con los instrumentos, y el Orejones y Jessica la ex-gorda en el centro, de pareja de baile. El Orejones fue elegido por votación entre todos los chicos para bailar, porque nunca se cae: las orejas le hacen mantener el equilibrio, y Jessica la ex-gorda entre todas las chicas porque a ella no le importa que en las vueltas de la jota se le vean las bragas, y a las otras sí.

Mi abuelo dijo:

—*¡One, two, three!*

Y Mostaza, la Hormiga Atómica, carraspeó para ahuyentar a las terribles flemas y empezó a cantar la historia de la tía Melitona. Los demás seguimos, sin pegarnos, sin gritar, sin ser como somos siempre. A la *sita* se le empezaron a escapar bastantes lágrimas. Nos aplaudió mucha gente: las enfermeras, las otras dos gordas y un camillero. El conserje nos puso en fila para darle un beso de despedida a la *sita* , y ella dijo:

—Bueno, delincuentes, a ver qué hacéis en mi ausencia.

Y ahí se quedó, sola. Me recordó a la tía Melitona, que también debe ser soltera como mi *sita*, porque si tuviera familia no llevaría tantos años esperando a que alguien le mande la dichosa levadura desde Pamplona. Por una vez, Arturo Román tenía razón.

La tía Melitona: el retorno

La *sita* volvió. Llevaba un bastón y se movía por los pasillos del colegio arrastrando la pierna. Eso le daba un aspecto bastante aterrador, como esas mujeres enormes de las películas que tienen secuestrados a cientos de niños inocentes y dedican su vida a torturarlos en masa y les amenazan con el bastón y luego se ríen con unas carcajadas que hacen temblar los muros de su mansión diabólica.

Me he pasado un poco de rosca, lo reconozco. La realidad era algo distinta. Las carcajadas de mi *sita* no podían oírse porque mi *sita* volvió completamente ronca. Nos explicó el señor Solls que en el hospital le habían metido un tubo mortífero por la garganta para que no se ahogara mientras la estaban operando y que eso la había dejado sin habla.

—¿Pero después de que le quitaron el tubo la *sita* Asunción escupió sangre?

Éste que preguntaba era el Orejones, que le encantan todas las cosas de enfermedades mortales y quirófanos. La última redacción que nos puso la *sita* de tema libre la hizo sobre una autopsia. El que contaba la historia era el muerto. Cuando la empezó a leer en voz alta en clase Arturo Román empezó a llorar porque le daba terror. El Orejones fue enviado sin más preámbulos a la psicóloga a que tomara medidas drásticas. Y en ese capítulo de la terapia lo tenemos.

A lo que iba, que la *sita* volvió sin poder decir esta boca es mía, pero con mucha emoción de volver a vernos. Yo estoy seguro de que no quería perderse ese último mes del curso en el que se ponen las notas. Ella no hubiera soportado la idea de que fuera otra la encargada de escribir en nuestro boletín los suspensos. Es su *hobby*. A otras personas les gusta el fútbol, a otras el cine, a mi *sita* estampar ceros, aunque dice, con mucha tristeza, que en el mundo actual los ceros no están de moda y hay que poner: *el niño no progresa adecuadamente*. Bueno, mi *sita* se conforma. Algo es algo.

Abrió la puerta de la clase y nos dedicó una sonrisa con todos sus dientes, o sea, una gran sonrisa. Se acercó cojeando hasta la pizarra y escribió:

¿QUÉ TAL, DELINCUENTES?

Y todos dijimos:
—¡Muy bien, *sita*!
Y borró su primer mensaje y volvió a escribir:

ESTA SEMANA, COMO NO PUEDO GRITAR, OS PONDRÉ TRABAJOS EN CLASE.

Escrito esto, se lió a llenar de cuentas despiadadas la pizarra.

Nos quedamos cortados, la verdad. Nosotros esperábamos que la vuelta iba a ser más emotiva y que con el rollo del reencuentro nos íbamos a tirar el mes que nos quedaba de clase sin dar ni chapa. Pero·nada. La *sita* no tiene sentimientos.

Empezamos a hacer las cuentas y empezó a oírse el murmullo de siempre. Un murmullo que empieza muy bajito y que se va animando, se va animando hasta que la *sita* lanza su primera advertencia:

—¡Voy a empezar a poner puntos negativos inmediatamente!

El murmullo baja y muy lentamente vuelve a estar igual de alto que antes, hasta que mi *sita*...:

—¡Arturo Román, salte un rato al pasillo! ¡Yihad, tienes un punto menos! ¡Manolito, es la última vez que te aviso! ¡Mostaza, no se canta mientras se cuenta! ¡Orejones, deja ya de contarle al Manolito *Pesadilla en Elm street,* que luego viene su madre y dice que sueña! ¡Susana, como vuelvas a tirar del pupitre a Jessica se lo digo a tu abuela cuando venga a buscarte! ¡Que os calléis ya!

Y así pasamos los días. Ésa es nuestra vida. Pero claro, el día en que la *sita* llegó ronca todo era distinto. Nos faltaban sus gritos, esos gritos tan necesarios para nosotros. Así que cuando el murmullo de siempre empezó a crecer y la *sita* puso su primer aviso en la pizarra todo el mundo la miró, pero sin hacerle demasiado caso, porque, quieras que no, que te griten por escrito no es lo mismo que en vivo y en directo.

A los diez minutos yo estaba hablando con el Orejones al oído, y no precisamente por discreción: es que había tal griterío en la clase que, a pesar de que somos compañeros de pupitre, no conseguíamos oírnos el uno al otro; así que teníamos que hacerlo a la oreja. Lo estábamos pasando tan a tope que cuando vimos al director en mitad de la clase no pudimos entender lo que pasaba.

—¡Silencio, he dicho! —chilló el director, y todos nos quedamos como no estamos nunca: callados—. ¿Es que no veis la pizarra?

Pues no, no la habíamos visto hasta estos momentos. La pizarra estaba llena de avisos, advertencias, amenazas, puntos negativos, insultos... Nadie había hecho caso a la *sita* Asunción; así que ésta, desesperada con estos niños sin ley que somos nosotros, se había ido a su casa y había escrito como último mensaje:

ADIÓS MUY BUENAS. NOS VEREMOS LAS CARAS.

Cuando al día siguiente fuimos al colegio, todos hacíamos apuestas, muertos de miedo, con lo que nos iba a suceder: ¿Iba a repartir ya las notas con los ceros puestos? ¿Iba a mandar cartas a nuestros padres? ¿Iban a expulsarnos en masa del colegio?

Nada de eso sucedió. La *sita* entró, como si en la vida fuera posible una segunda oportunidad, sonriendo con todos sus dientes, y arrastrando su pierna hasta la pizarra. Escribió:

¿QUÉ TAL, DELINCUENTES?

Todos contestamos bastante alucinados:
—Muy bien, *sita*.

Y siguió escribiendo, como esas pesadillas que se te repiten tres noches seguidas:

Esta semana, como no puedo gritar, os pondré trabajos en clase.

Empezó a escribir sus divisiones malditas y el famoso murmullo comenzó a oírse, porque si hay algo que a nosotros no nos sirve de nada en esta vida es la experiencia. Somos ese animal que tropieza toda la existencia con la misma piedra. Aunque haya otras más grandes y peor colocadas en el camino, nosotros siempre tropezamos con la misma. Algo en nuestro cerebro no funciona.

Cuando aquello empezó a convertirse en gritos, la *sita* se fue al centro de la clase y...

Casi nos mata del susto. Oímos un enorme pitido, un pitido de un pito digno del Santiago Bernabéu, un pito para conducir a una manada de elefantes de un lado a otro del continente africano.

La *sita* se había comprado un pito y sonrió encantada con la reacción que tuvimos cuando éste sonó por primera vez. Todo el mundo se calló de la impresión. Volvimos a trabajar con el corazón a la altura de los colmillos.

Y así empezaron los peores días de nuestra vida. La *sita* se emocionó tanto con el resultado de su super-pito que empezó a tratarnos como un árbitro y como un guardia de tráfico. Era una mezcla de las dos profesiones. Nos dirigía para entrar y salir al patio haciendo grandes gestos con las manos como hacen los guardias y, en clase, nos sacaba tarjetas amarillas, como ha-

cen los árbitros. Todos estábamos pendientes
para que el sonido del pito no nos pillara despre-
venidos. Era preferible ver cómo lo cogía y lo

⊗ LA MISMA PIEDRA

hacía sonar a que sonara a tus espaldas inespera-
damente. Corrías el peligro de morir de un infarto. Ella cuando más disfrutaba era cuando nos
daba el susto terrorífico. Entonces se empezaba

a reír a carcajadas mudas. Todavía hoy me reservo esa imagen de las carcajadas mudas de mi *sita* para mis peores pesadillas.

Entonces fue cuando Yihad tuvo la idea que dio un rumbo distinto a esta historia de terror. Estábamos en el recreo, en un rincón, hablando bajito, porque ni en el patio nos atrevíamos a gritar, cuando Yihad dijo:

—¿Os habéis fijado que en el recreo se deja el pito encima de la mesa? Pues mañana, cuando se vaya a tomar el bocadillo a la sala de profesores, yo acabaré con este asunto.

—¿Te vas a atrever a quitarle el pito? —le preguntó el Orejones.

—No hace falta mancharse las manos con un robo. Confiad en mí.

Llegó el día siguiente, y cuando sonó la campana, en vez de tirarnos a la puerta como es nuestra costumbre, nos hicimos los remolones hasta que la *sita* salió con su enorme bocadillo hacia la sala de profesores.

—Arturo, vigila la puerta, y los demás me rodeáis. Si la *sita* viene de improviso le diremos que estamos jugando al Disparate.

Le rodeamos los de siempre, los genuinos Pies Sucios: Paquito Medina, yo y el Orejones. Yihad se sacó del bolsillo su supercortauñas-multiusos y con la navajilla abrió el silbato de la *sita* por la mitad, por donde está pegado. Cogió el garbanzo y luego, con un botecito de pegamento que llevaba en el otro bolsillo volvió a pegar las dos partes hasta dejarlo igual que antes. Igual que antes... a primera vista. El silbato volvió a la mesa de la *sita*.

Cuando sonó la campana de fin del recreo

a mí me daba la risa de los nervios, pero Yihad nos obligó, con amenazas de patadas, a ser naturales, los mismos de siempre, con nuestros defectos y nuestros... defectos.

La *sita* escribió unas cuantas frases en la pizarra. A ella le gusta que digamos cuál es el verbo, cuál es el sujeto. Es un capricho que tiene desde que empezó el curso.

Nos pusimos a escribir y nos pusimos a hablar. No sé por qué ocurre eso. Uno se pone a hacer los deberes e inmediatamente le entran ganas de hablar con cualquiera de cualquier cosa, desde las especies en vías de extinción al agujero de la capa de ozono o al agujero que llevas en el calcetín, al que en Carabanchel llamamos tomate. Científicos de todo el mundo han intentado averiguar por qué esta extraña reacción les sucede a todos los chavales del Planeta y han tenido que abandonar la investigación, confesando desesperanzados que la ciencia no tiene siempre respuestas para todo.

Nos pusimos a hablar en un tono normal, como siempre, y luego nos pusimos a gritar como siempre, pero los que estábamos en el ajo por un lado de la boca hablábamos con naturalidad y por el otro nos reíamos con maldad. Yo estaba saboreando aquel momento histórico, estaba saboreando cada segundo: cuando la *sita* se fue al centro de la clase, cuando se llevó el pito a la boca, cuando sopló con todas sus fuerzas y cuando, al no oír el fruto de su querido silbato, se quedó mirándolo con indignación, como si el silbato hubiera cometido un delito o falta grave, como si el silbato fuera alguno de nosotros.

Toda la clase se echó a reír. Yihad recibía

palmadas en la espalda y él se levantaba para saludar, como los grandes artistas después de una actuación magistral. La *sita* nos observó con la ceja levantada, se estaba poniendo roja, cada vez más roja, mientras nosotros seguíamos contándonos los unos a los otros lo que todos habíamos visto.

—¡¡¡Esto no tiene ninguna gracia!!!

Nunca he vuelto a oír a la *sita* gritar de esa manera. Y mira que yo la he oído gritar.

Ahora los que nos quedamos mudos fuimos nosotros. Silencio sepulcral. Todos quisimos esconder las cabezas dentro del cuello de la camisa. Es el efecto tortuga. Nos ocurre cuando nos están echando la bronca. ¿Cómo había conseguido la *sita* recuperar la voz de aquella manera?

Todavía estábamos nosotros recuperándonos de las mil pulsaciones al minuto, cuando el director abrió la puerta y dijo, jadeando:

—Pero, Asunción, ¿qué pasa?

La *sita* se tocó la garganta, tragó saliva y dijo, asombrada de sí misma:

—No sé... como llevaba una semana sin hablar no me había dado cuenta de que ya tenía bien la voz.

—¿Y cree usted que podrá reñir a sus alumnos sin que tiemblen los muros del colegio?

—Sí, claro... Es que le quitaron el garbanzo a mi silbato y...

Qué lista es mi *sita*. Nos miró atentamente y su mirada se detuvo en Yihad.

—Yihad, ahora mismo vuelves a dejarlo como antes, y si no lo consigues tendrás que comprarme uno nuevo.

Qué adivina es mi *sita*.. Yihad fue hasta la *sita* con la cabeza baja, cogió el silbato y se fue a su pupitre a arreglarlo.

El director, antes de irse, carraspeó, y le dijo a la *sita* muy suavemente:

—Me parece bien que el chaval se lo arregle, pero... bueno, creo que igual que su voz ya está como siempre, el colegio entero volvería a la normalidad si usted, Asunción, abandonara el silbato. Tal vez, algún día, cuando vayamos al campo, pueda usted volver a sacarlo.

—Claro... —dijo la *sita*, un poco cortada.

Yihad le devolvió el pito arreglado. La *sita* miró su silbato con nostalgia y con una media sonrisa dijo:

—Bueno, Yihad, ya que tú conoces el mecanismo mejor que nadie y que yo no puedo tocarlo, será mejor que te lo quedes. Pero ya sabes: en el colegio no se toca.

Yihad recibió el regalo con un «gracias» que casi no se oyó y poniéndose colorado. Luego, en el camino de vuelta a casa, no paró de darse importancia enseñándole a todo el mundo el regalo que le había hecho la *sita* Asunción porque él conocía el mecanismo mejor que nadie.

—Ahora tendremos que aguantar al plasta de Yihad con su silbato a todas horas —le dije al Orejones en secreto.

—Con ese pitido asqueroso que tiene —me dijo el Orejones también en secreto.

Pero esta historia no acaba con unos pobres niños que aguantan a un niño petardo que no para de vacilar con el pito que le regaló su *sita*: esta historia acaba con cinco niños petardos (seis con el Imbécil) tocando a todo meter sus silbatos en el parque del Ahorcado y viendo cómo huían de él despavoridos viejos, mujeres y niños, porque al darse cuenta mi abuelo y el abuelo de Yihad de la manía que le teníamos al famoso y asqueroso silbato, pensaron que la única solución posible a este problema era comprarnos a cada uno, uno. Y, la verdad, cuando el infernal ruido lo producen tus propios pulmones, el garbanzo suena de una forma distinta, suena..., cómo diría yo, a coro de angelitos celestiales. Los angelitos, habrás podido adivinarlo, somos nosotros.

La banda de los Pies Sucios

La tarde de aquel sábado histórico nos comimos seis bolsas de patatas, dos de panchitos, dos de cortezas, seis de fritos. Todo eso lo regamos con unas coca-colas de la cosecha del 95 y nos vimos una película de unos niños de esos que viven al lado de un acantilado, que forman una pandilla que investiga casos criminales y que tienen una contraseña y un cobertizo y un perro al que sólo le falta hablar.

Estábamos en casa del Orejones, de izquierda a derecha tirados en el sofá: Arturo Román, yo, el Orejones y Paquito Medina, y en los dos sillones, Yihad y el Imbécil.

Yihad hacía chistes sobre esos niños y todos nos reíamos de sus contraseñas y de sus citas secretas. Estábamos en plena risa, tirándonos unos encima de otros en el sofá por lo mucho que nos gustaba burlarnos de la pandillita, cuando dijo Yihad;

—Nosotros no vamos a ser menos: tenemos que buscar un buen nombre para nuestra panda.

A los cinco minutos estábamos todos sentados buscando nombres, contraseñas y lugares secretos de reunión. Te preguntarás qué hacíamos imitando a esos de los que nos burlábamos tanto. Es una buena pregunta y sólo tiene una respuesta: no somos niños de fiar. Nunca deposites tu confianza en nosotros.

Lo que estuvo claro desde la constitución de nuestra banda es que el jefe indiscutible sería Yihad, cosa que ya sabíamos desde el principio de los tiempos, con banda o sin ella. Luego tuvimos que buscarle un nombre, y no es por tirarme el folio, pero fue a mí a quien se le ocurrió:

—Ahora que la *sita* Asunción nos hace lavarnos a tope todos los días para no morir asfixiada, podíamos llamarnos la banda de los Pies Sucios y hacer honor a nuestro nombre —diciendo esto me sentía completamente salvaje, yeah.

—Serás tú el que puedas, porque a mí desde que la *sita* dijo que olíamos putrefactamente mi madre no me deja salir si no me he lavado con estropajo todas las partes de mi cuerpo —dijo el Orejones.

—Ni a mí —dijo Paquito Medina.

La cruda realidad nos había chafado mi gran idea.

—Entonces nos llamaremos Pies Limpios —se le ocurrió al Orejones.

Le miramos de arriba abajo. ¡Pies Limpios! Una banda decente jamás se llamaría Pies Limpios. La desolación inundó el salón del Orejones.

—Bueno, qué pasa, actuaremos sólo los fines de semana, cuando podemos ser los auténticos Pies Sucios —esto lo dijo Yihad quitándose los calcetines y pisando el suelo.

Aquel fue el principio de los Pies Sucios, aquella mítica banda de Carabanchel Alto que actuaba solamente sábados y domingos, que tenía como meta en la vida luchar contra el mal, que no tenía un perro cinematográfico, pero se conformó con la *Boni,* la perra de la Luisa (a la que había que llevar en brazos porque no era exactamente una perra de acción), y que no tenía un cobertizo pero que fijó el lugar de reunión en el Árbol del Ahorcado.

Los Pies Sucios debían salir por pies de casa antes de que una madre les rompiera el hechizo de su poder con agua y jabón. Los Pies Sucios se descalzaban en la calle y pisaban el suelo sin piedad hasta conseguir unos pies terriblemente negros. Los Pies Sucios tuvieron un tesorero, que se llamaba Manolito Gafotas. A este tipo le nombraron tesorero porque era un tipo de fiar y porque tenía un cerdo-hucha libre para poder meter el dinero de la banda. El dinero de los Pies Sucios se utilizaría sólo para las misiones especiales.

La primera misión especial que el jefe de los Pies Sucios propuso fue echar a los tíos del Instituto Baronesa Thyssen del parque del Ahorcado, porque habían tomado el parque como un campo de fútbol y no dejaban a los viejos y a los niños pequeños disfrutar de las magníficas instalaciones del parque con tranquilidad (las magníficas instalaciones son un banco, dos columpios, la tierra y el propio Árbol del Ahorcado). Cuando el jefe pidió voluntarios para tan arriesgada misión nadie levantó la mano. ¿Por qué? Porque los

Pies Sucios aman demasiado la vida para enfrentarse con unos tíos que gastan un 43 de pie. El jefe (Yihad) dijo que no importaba que hubiera voluntarios porque iríamos a la fuerza.

Aquel domingo maldito los Pies Sucios salieron de sus casas, se descalzaron en el parque y se sentaron a esperar a que llegara la banda del Baronesa.

A los tres cuartos de hora aparecieron. Ni nos miraron. Empezaron a tirarse el balón como bestias. Yihad nos hizo una seña y con el miedo en el cuerpo salimos al ruedo a actuar.

Nos pusimos en mitad del parque para no dejarles jugar. Allí estábamos, descalzos: Paquito Medina, Arturo Román, Orejones, Yihad, Manolito y el Imbécil. Los Pies Sucios.

—¡Quitaos de en medio, enanos! —gritó uno de los Thyssen.

Pero como no nos quitamos siguieron jugando sobre nuestras cabezas. El balón sobrevolaba mis pensamientos. Por un momento me sentí como uno de esos pobres bolos a los que hay que cargarse en las boleras. Pensé en mis gafas, en lo poco que me habían durado estas últimas. Sólo se oía el chup-chup que hace el Imbécil con el chupete cuando está nervioso y las patadas que los del Baronesa daban al balón. Cerré los ojos porque me imaginaba que de un momento a otro un balonazo me derribaría y no quería verlo. No soy un niño masoquista. Pero cuando los abrí no era yo el que estaba en el suelo...

Había sucedido algo nuevo en la historia de Carabanchel Alto; por una vez en la vida no había sido yo el herido: el que estaba en el suelo era Yihad, que se llevaba la mano a la cara.

—La culpa la habéis tenido vosotros por molestar —dijo uno de la Thyssen.

Los Pies Sucios retiraron a su jefe, que no podía abrir el ojo derecho. Los Baronesa siguieron jugando como si nada en cuanto nos lleva-

mos arrastrando al herido. Fue la primera baja de la banda y la última, porque el jefe decidió que ese tipo de misiones especiales eran una tontería, que en realidad la tranquilidad de los ancianos y los niños le importaba un pepino.

—¿A qué nos dedicaremos ahora? —preguntó el Orejones.

—Seremos una asociación de carácter cultural —dijo Yihad.

Así que decidimos que el dinero del cerdo-hucha se dedicaría a actividades del tipo de visitar el puesto del señor Mariano, llenar una bolsa de chucherías y ver una película en casa del Orejones.

Volvíamos a estar como siempre, pero con tesorero. Bueno, era emocionante formar parte de la Asociación Cultural Pies Sucios y compartir el dinero con tus mejores amigos. Los sábados llegábamos a casa del Orejones, nos descalzábamos y nos veíamos una película y acabábamos con nuestras existencias y las de la madre del Orejones, que es una madre de película tridimensional. Luego, ya tarde, cuando los del Thyssen habían acabado su partido y se habían ido a los billares, íbamos al parque del Ahorcado y allí jugábamos a la película. Si había sido Robin de los Bosques, pues a Robin; si había sido Batman, pues a Batman; si los Tres Mosqueteros, pues a los Tres Mosqueteros (Yihad siempre tenía que ser D'Artagnan; yo tenía que conformarme con lo que me cayera. En una ocasión me tocó ser el cardenal Richelieu.

La tercera semana de vida de nuestra Asociación Cultural Pies Sucios había empezado a ocurrir una cosa muy extraña: cada vez aportábamos más dinero a la Asociación y cada vez había menos dinero. Yo había logrado disimular las pérdidas poniendo dinero de mi cerdo particular, pero llegó un momento en que los dos cerdos estaban en las últimas.

Me presenté sudando a una de nuestras sesiones en casa del Orejones. Las cuentas no me cuadraban y temía la expulsión. No pudimos comprar casi nada, pero me libré del castigo del jefe porque el Imbécil compartió su bolsa de chucherías con todo el mundo. Era una bolsa tremenda. El Imbécil iba ganando popularidad mientras yo la iba perdiendo. Se estaba convirtiendo en el protegido de Yihad. Eso era terrible para mí: era como tener al enemigo en casa.

—¿Qué haces con nuestro dinero, Manolito? —gritó Yihad.

—¡Eso! ¿Qué haces? —gritaron rodeándome mis mejores amigos.

Estaban a punto de hacerme un consejo de guerra cuando el Imbécil dijo:

—El nene compra con el cerdo.

Dicho esto, y con todo el morro del mundo, se sacó un montón de monedas del bolsillo y se las puso en la mano a Yihad con una sonrisa de oreja a oreja (y tiene las orejas muy separadas). El Imbécil había estado abriéndole la tripa al cerdo todo el tiempo, comprando por su cuenta y haciéndonos regalos con nuestro propio dinero.

Nos comimos el resto, nos vimos la película y disolvimos la Asociación. Podíamos hacer lo mismo sin asociación ni nada. Al fin y al cabo siempre éramos los mismos, jugando a lo mismo y comiendo las mismas marranadas. La diferencia: cada uno con su dinero en el bolsillo, así no habría problemas ni cuentas pendientes. Los Pies Sucios no volvieron a actuar.

Aquella tarde, cuando volví a casa, mi madre borró el último recuerdo de la Asociación poniéndome los pies debajo del grifo. De algo estaba seguro: si alguno de nosotros tenía sangre fría suficiente para dirigir una banda organizada ese era... el Imbécil.

La *Boni*

Cuando la Luisa (mi vecina de abajo) le pidió a mi madre que si se podía quedar este fin de semana con la Boni, el Imbécil y yo nos pusimos encima del mueble-bar a gritar de la alegría que no nos cabía en el cuerpo.

La *Boni* es la perra de la Luisa. No es una perra de raza, es un cruce, un cruce de chuchos que se encontraron en la calle, por eso la *Boni*, al ser un cruce, es un poco rara: tiene la cabeza y el cuerpo muy gordos y las patas delgadas como las de una bailarina. Tiene el mismo tipo que la Luisa, en eso está de acuerdo todo Carabanchel. Aunque el que esté tan gorda debe de ser porque dice mi abuelo que la *Boni*, en vez de vivir como una perra, vive como una marquesa: sólo come solomillo y bombones.

Debe de ser verdad eso de que los perros se acaban pareciendo a sus amos: una vez soñé que veía a la Luisa y a la *Boni* jugando en el parque del Ahorcado y la Luisa, en vez de llevar su cabeza, llevaba la cabeza de la perra, y la *Boni*, en vez de llevar su cabeza, llevaba la cabeza de la Luisa. Bueno, pues yo me pasaba hablando con ellas todo el rato y no notaba nada raro, hasta que de repente caía en la cuenta y le preguntaba a la Luisa:

—¿Qué te ha pasado en la cabeza?

Y la Luisa, con su cara de perra, respondía:

—Es que nunca lo había dicho por vergüenza, pero yo tampoco soy enteramente de la raza humana, también soy un cruce.

Dicho esto la Luisa, con su cara de perra, se ponía a ladrar y a enseñar los dientes en señal de pelea y yo me despertaba agitado y sudando por esta terrible pesadilla.

Desde entonces, cada vez que llamo a casa de la Luisa, mientras espero a que ella abra la puerta, siento un escalofrío que me llega hasta ese lugar donde mi madre deposita sus collejas: la nuca.

Pues sí, la *Boni* no es una perra agraciada por la madre Naturaleza: es bastante monstruosa, pero la queremos mucho. Cuando nos encuentra por la escalera se tumba en el suelo con las patas para arriba para que le rasquemos las tetitas, y como está tan gorda luego tarda un rato en poder darse la vuelta para levantarse porque la *Boni* es mayor y dice la Luisa que ya no puede ni con su alma.

Un día la Luisa y mi madre se enfadaron a cuenta de la *Boni*. Fue porque pillaron al Imbécil dándole a chupar a la *Boni* su chupete. No era la primera vez que lo hacía, llevaban compartiendo el chupete mucho tiempo, pero las madres siempre son las últimas en enterarse de los vicios de sus hijos. La Luisa le arrebató a la *Boni* el chupete de la boca y le dijo:

—¡No lo vuelvas a hacer, sólo faltaría que le pegaras a mi *Boni* el moquillo!

Mi madre cogió al Imbécil ahogándole entre sus brazos y le contestó:

—Será al revés, guapa, sera tu *Boni* la que le pegue el moquillo a mi niño.

Yo no dije nada porque hay momentos en la vida en que hablar sería un riesgo innecesario, pero estaba claro que tenía razón la Luisa: no es que el Imbécil le pudiera pegar el moquillo, porque decir el moquillo a los cacho velones que le salen al Imbécil de la nariz es mentir descaradamente es que el Imbécil le podía contagiar el mocazo. Lástima que ese tipo de producciones moquíferas no dan dinero en el mercado, que si no seríamos millonarios.

Mi madre se fue dando un portazo, pero el enfado no duró mucho porque a la media hora bajó a pedirle a su vecinita del alma que se quedara con nosotros mientras ella se iba al hiper. La Luisa le dijo al Imbécil al oído:

—Como se me ponga la *Boni* mala por culpa de tu chupete sólo le daré bombones al Manolito.

El Imbécil hizo como que entendía, como que estaba de acuerdo. Yo sé que es su táctica para que no le den la charla y seguir a su aire en la vida. Es un ser indómito.

El caso es que nos habíamos quedado en que la Luisa le pidió a mi madre que se quedara con la *Boni* un fin de semana y mi madre dijo: «Claro, por Dios, para eso estamos las amigas.» Aunque luego por detrás mi madre se quejó de que el fin de semana de la *Boni* le descolocaba la economía del mes, porque, como ya te he dicho, la *Boni* no come cualquier porquería de las que comemos en casa de los García Moreno. La *Boni* es muy exquisita, tiene mejor paladar que la reina de España.

El viernes por la noche ya estaba la *Boni* con nosotros. Se trajo su hueso, su muñeco Pitufo (que también comparte con el Imbécil) y su cuna. Cuando mi madre se fue a acostar yo subí a la *Boni* a los pies de mi cama, pero la *Boni* no se conformó con eso: al despertarnos por la mañana vimos que se había colocado entre mi abuelo y yo y había puesto su cabeza en la almohada. Estábamos los tres abrazados mirando hacia la ventana. Al cabo del rato vino el Imbécil,

como todos los sábados por la mañana, y con él llegó el escándalo, se puso a saltar encima de nuestras cabezas, la *Boni* se puso a ladrar y acabamos tirando a mi abuelo al suelo. Si hubieras estado habrías sabido lo que es morirse de la risa. Te lo perdiste. Se siente.

Mi madre vino a repartir collejas; estaba tan emocionada que una fue a parar a la nuca de mi abuelo, que gritó:

—¡Socorro, mi familia quiere matarme antes de desayunar!

Así son los sábados por la mañana en casa de los García Moreno: salvajes.

Desayunamos super-rápido porque el Imbécil y yo queríamos pasear a la *Boni*. Los dos empezamos a pelearnos en la escalera por llevar la correa.

—¡Llevadla por turnos! —nos gritó mi madre desde arriba—. ¡No te aproveches de tu hermano, Manolito, que es pequeño!

Aprovecharse del Imbécil, dice. Eso es imposible. Como le lleves la contraria te monta un pollo en plena calle que te has caído con todo el equipo. Salen todos los vecinos a las ventanas y me chillan:

—¿Pero no ves que es pequeño, Manolito?

—¿Pero no te da vergüenza hacerle rabiar a una criatura?

Esa criatura nació para dominarme.

Cuando llegamos al parque del Ahorcado soltamos a la *Boni*. Empezamos a tirarle palos para que fuera corriendo a por ellos, como hacen *Lassie* y otros célebres perros cinematográficos. Pero la *Boni* se subió al banco como pudo y se sentó con nosotros. Eso sí, miraba cómo tirábamos los palos con mucha atención. Es una perra muy observadora. El Imbécil y yo nos estábamos aburriendo jugando con una perra tan vaga, así que nos fuimos a los columpios. Yo estuve empujando el columpio del Imbécil con todas mis fuerzas. Cuando el Imbécil estaba arriba del todo, que parecía que iba a dar la vuelta completa, yo gritaba:

—¡Peligro de muerte!

Y el Imbécil se mataba de la risa. De tanto reírse le dio el atrangamiento y empezó a toser brutalmente, así que lo tuve que sentar en el banco. Cuántos problemas me da este niño. Le di unos cuantos golpes maestros en la espalda para encajarle la saliva en el tubo correcto cuando, de repente, nos dimos cuenta de que la *Boni*... ¡la *Boni* no estaba!

Empezamos a gritar: ¡*Boni, Boni*! Llegamos hasta las puertas de la cárcel de mi barrio y le preguntamos a un señor que debía ser un preso que acababa de salir en libertad después de cumplir una condena de cuarenta años y un día. El preso no había visto a la *Boni*. Ni tampoco la Porfiria, la panadera, ni el señor Mariano, que vende las chucherías. Nadie había visto a la *Boni*.

La Luisa nos mataría, y qué sería de una perra tan observadora y tan gorda, sola por la calle, sin amigos y sin hogar. Yo me puse a llorar y el Imbécil me ofreció el chupete como consuelo. Aunque no lo chupé (un chupete para tres me parece demasiado) se lo agradecí mucho, sé que viniendo de él es todo un detalle.

Con lágrimas en los ojos entramos al bar El Tropezón, que es donde mi abuelo desayuna los sábados su descafeinado con gambas. Entonces fue cuando vi algo que siempre recordaré a no ser que se me olvide. No podía creer lo que mis gafas estaban presenciando: la *Boni* se había sentado en una silla y compartía la mesa con mi abuelo. Mi abuelo le pelaba las gambas y la *Boni* se las comía sin masticar, como si fueran píldoras.

—Fijaos si es lista la Marquesa que se ha venido al olor de las gambas. A eso se le llama saber seguir el rastro.

El Imbécil y yo nos sentamos también. Pedimos batidos y más gamba y patata y aceituna y corteza y la *Boni* lo probó todo, aunque prefería las gambas a cualquier otra cosa.

Mi madre le echó la bronca a mi abuelo porque aquel sábado no probamos el cocido. La única que siguió comiendo fue la *Boni* y después, con su barriga repleta de garbanzos, se tiró en su postura de «ráscame la panza».

Cuando la Luisa vino a por ella el domingo, la *Boni* se despidió de nosotros con lágrimas en los ojos. Bueno, soy un mentiroso: los únicos que teníamos lágrimas en los ojos éramos mi abuelo, yo y el Imbécil.

La *Boni* va a la escuela

Dice mi abuelo que por la que se monta en mi escalera cada mañana parece que en vez de ir a la escuela me voy a la guerra de África. Mi madre me da unos besos en el rellano que resuenan por todo Carabanchel Alto, y que a mí me dejan hecho polvo, luego se saca el peine del bolsillo de la bata, me vuelve a repeinar, luego el Imbécil se pone a llorar, porque es un niño que no soporta separarse de mí (lógico), Entonces tengo que abrazarle a él, me deja los mocos en la camiseta, mi madre se va a por el trapo de cocina para limpiarme, me vuelve a repeinar, y de repente, sin saber por qué, mi madre, aquella que parecía tan cariñosa, se transforma y me grita directamente en el oído interno:

—¿Pero es que no ves que llegas tarde a la escuela?

Mientras bajo las escaleras voy oyendo los berridos del Imbécil. El vecino del cuarto, que no aguanta ni una, chilla como un energúmeno:

—¡Que le mojen el chupete en cloroformo a ese niño!

La Luisa, que vive en el segundo, sale

como una posesa con la bata a medio poner y le contesta:

—¡Si le molesta que el angelico llore se cambia de escalera, de barrio y de nacionalidad!

Yo salgo rápidamente del portal porque odio la violencia, pero la cosa no acaba ahí. Cuando voy a doblar la esquina, oigo:

—¡Manolitooooo!

Es mi madre. Otra vez mi madre.

—¿Pero es que no te das cuenta de que te dejas el bocadillo? ¡Tiene que estar una en todo!

Con tanto beso se me olvida el bocadillo casi todas las mañanas, así que mi madre compró una cuerda espectacular para atar el bocadillo y bajarlo por la ventana.

—¿De qué es?

—¡De *chopped*! —me grita mi madre.

Siempre de *chopped;* hasta donde mi memoria llega, todos los recuerdos de todos los recreos de mi vida tienen sabor a *chopped*.

Pero entonces, la Luisa abre el portal y aparece con su chándal rosa fucsia y con una sonrisa misteriosa, y la *Boni* aparece también entre sus piernas, moviendo el rabo, y con la misma sonrisa misteriosa. Ya te dije: parecen hermanas siamesas. La Luisa se saca del bolsillo un huevo Kinder: ·

—Toma, Manolito, para que se te quite el sabor del *chopped.*

Yo le doy cinco besos a la Luisa porque sé que ésa es la forma de asegurarme mi huevo del día siguiente. Soy un pelota cariñoso. Cuando la *Boni* nos ve abrazarnos en la calle se pone en medio: es muy pelusona.

Esto sucede casi todos los días con ligeras diferencias, claro: unas veces la Luisa lleva el chándal rosa y otras morado, unas veces mi madre ata el bocadillo a la cuerda, y otras, si ya es muy tarde y no hay tiempo, lo lanza tipo «caída libre» y, si hay suerte, le cae en la cabeza a un señor que pasaba por ahí y el señor casi moribundo se pone a gritar llevándose la mano a la cabeza ensangrentada (aquí he exagerado un poquito), y de todas las ventanas de mi bloque salen todas las señoras y la *Boni* ladra porque a la *Boni* le pasa lo que a mí, que odia la violencia.

Ayer pasó una cosa que no había pasado nunca. Después de que la Luisa me diera el huevo a mí me entraron unas ganas terribles de hincarle el diente, así que lo abrí y me metí un pedazo en la boca. Tuve que pararme y cerrar los ojos para disfrutar de aquella felicidad sin límites. Creo que estaba a punto de levitar. Entonces, la *Boni,* que estaba echando la primera meadilla del día en el Árbol del Ahorcado vino corriendo como loca y se paró delante de mí.

—No te voy a dar, *Boni,* que estás muy gorda.

Pero la *Boni* me siguió mirando y se pasaba la lengua por el morro y me miraba con cara de pena. No sé si alguna vez te ha mirado de esa manera una perra, pero hay que ser muy inhumano para que no se te parta el corazón en cinco cachos. Corté un trocito, se lo di y eché a andar porque llegaba tarde. Cuando llegué a la esquina vi que la *Boni* me seguía.

—Vuélvete con la Luisa, *Boni*, que yo me voy a la escuela.

Le di otro trozo y le dije:

—Se acabó y se acabó, adiós.

Seguí andando. Me encontré con el Orejones, que me pasó el brazo por los hombros. Yo pensé: «No hay nada mejor que la amistad.» Pero este pensamiento se me pasó pronto, porque el Orejones me había pasado el brazo para estar más cerca del huevo kinder. Así es la vida: un continuo desengaño. Como soy un pedazo de pan, le di un trozo y me dijo:

—¿Por qué no le das un poco a la *Boni*?

¡La *Boni*! La tía todavía me seguía. Le di el último cacho y en la verja de la escuela hablé con ella seriamente, de hombre a hombre:

—*Boni*, desengáñate, los perros no van a la escuela. Si yo pudiera me iría a dormir a un cojín como tú. *Boni*, vete, te aseguro que esto es un rollo. Un rollo repollo.

Pero la *Boni* es una perra de ideas fijas. Sin inmutarse subió las escaleras detrás de mí. Como ya era muy tarde subíamos solos el Orejones, yo y la *Boni*. Cuando llegamos a la puerta de la clase el orejones dijo:

—Yo paso primero y mientras le doy la excusa a la *sita* por llegar tarde tú te cuelas con la *Boni*.

Y así lo hicimos. Mientras el Orejones le contaba una de sus historias increíbles a la *sita* (la última fue que había salvado a un anciano inválido de ser atropellado por un camión), yo me fui hasta mi pupitre, seguido por la *Boni*, que iba poniendo el lomo para que la acariciara todo el mundo. Es muy coqueta.

Le hicimos una cuna en el rincón del final con las mochilas y le dejé el huevo entero para que se callara. Se lo comió y se durmió. La *sita* nos notaba nerviosos y dijo:

—Que conste que todavía quedan veinte días para que acabe el curso, así que no voy a consentir que os desmandéis a última hora. Todavía puede haber sorpresas en las notas.

Nos callamos como muertos vivientes. Entonces, en aquel silencio sepulcral, se oyó un ladrido aterrador. Un solo ladrido:

—¡Guau!

La *sita* había despertado con sus gritos despiadados a la *Boni*, y eso la *Boni* no lo encaja bien. Ya lo dije antes: la *Boni* es una perra pacifista.

La *sita* se cambió las gafas de cerca por las de lejos y fue con los ojos saliéndosele de las órbitas hasta el rincón donde la *Boni* protestaba.

—¿Qué hace esto aquí?

La callada por respuesta.

—¿Quién ha traído este bicho?

Lo confesaré: mientras me levantaba sentí que un poco (pero muy poco) de pis me manchaba los pantalones.

—Yo no quería traerla, *sita*, es que me ha seguido.

—Llévatela, quién sabe si tiene pulgas, garrapatas, hongos…

Se abrió la puerta y apareció el chándal rosa fucsia de la Luisa y, dentro, la propia Luisa. Estaba desencajada. No saludó, se echó en brazos de la *sita* y dijo:

—¿Está aquí mi *Boni*? El señor Solís dice que la ha visto siguiendo a Manolito.

La *Boni* corrió hasta la Luisa moviendo el rabo. La Luisa abrazó a la *sita* y le dijo:

—Señorita Asunción, muchas gracias por cuidármela, con una maestra como usted que transmite humanidad a sus alumnos hacia todos los seres vivos, el barrio de Carabanchel puede dormir tranquilo.

La *sita* dijo que gracias y que para ella todos los seres vivos eran una bendición divina (no sé si incluyó también a las garrapatas). Todos aplaudimos a la *sita*. Cuando el curso está terminando nos volvemos más pelotas que nunca.

La *Boni* ladró porque se dio cuenta de que había perdido protagonismo. Y yo quise ladrar también porque ya nadie se acordaba de que yo era el principal culpable de esta historia. La *Boni* se fue moviendo su rabo. Le esperaba su cojín, ese cojín viejo en el que pasa la mayor parte de su vida. A mí me esperaban cuatro horas en mi pupitre, poniendo cara de ese buen alumno que nunca fui, intentando cambiar a la desesperada lo que ya era una realidad: mi suspenso en matemáticas.

Una mentira piadosa

Lo único malo de que lleguen las vacaciones es que con las vacaciones llegan las notas. Con lo bonito que sería que un buen día de junio tu *sita* correspondiente te dijera:

—Bueno, niños, el curso ha terminado. Descansad, os lo habéis merecido por aguantar durante todo un año este suplicio llamado colegio. Os pido disculpas en nombre de esta Institución por todo lo que os hemos hecho pasar.

Sería un detalle que nunca olvidaríamos y se lo contaríamos a nuestros hijos por Navidades. Qué bonito sería el mundo si fuera como yo me lo imagino. Pero no, lo que la *sita* dijo fue lo siguiente:

—Bueno, delincuentes, el curso ha terminado. Pasado mañana os daré las notas. No habrá sorpresas para nadie porque cada uno sabe muy bien… lo que se merece.

Dicho esto nos dedicó una de sus sonrisas especiales, concretamente la sonrisa encargada de helarnos la sangre.

—¡Puaf! —dijo Yihad cuando salíamos—.

A mí los suspensos me resbalan. Mi madre está
muy contenta conmigo, este año no ha recibido
ni una sola carta del director para expulsarme del
colegio, así que les dice a las vecinas: «Éste al final va a ser la sorpresa del barrio, vete tú a saber
si mi Yihad no acaba siendo el obispo de Carabanchel Alto, porque aunque nadie lo crea, mi
Yihad es un pedazo de pan, muy burro, pero un
pedazo de pan, un bestia, pero todo corazón. Os
lo digo yo, que soy su madre.»

   —Yo no sé si me van a quedar dos, tres o
una. Claro que... a lo mejor van y me quedan
cuatro —iba pensando en voz alta el Orejones—.
Quieras que no eso le da un poco más de emoción al asunto. Eso sí, mi madre me ha dicho que
sea lo que sea no me disguste y mi padre me ha
dicho que buscaremos un profesor y un psicó-
logo de guardia para que no me falte de nada
este verano.

   —Para mí las notas no tienen emoción
—dijo Paquito Medina—. Mi madre llamó ayer a
mis abuelos para decirles: «No me hace falta ver
las notas del Paquito, ya sé que van a ser como
todos los años: las mejores del colegio.» Así que,
como no le hace falta verlas, igual ni paso a por
ellas.

   A Paquito Medina le gustaría ser como
yo, un niño del montón, y a mí me gustarla ser
como Paquito Medina, un ejemplo vivo. A lo
mejor en un futuro los científicos inventan un
aparato para intercambiar cerebros entre niños
descontentos, pero me temo que ya será demasiado tarde y que Paquito Medina y yo ya estaremos bajo tierra.

   Todos mis amigos hablaban de sus notas,

hacían apuestas de todo lo bueno y lo malo que les iba a caer en el boletín maldito. El que estaba superdespistado era el Orejones, que es un caso perdido, hablaba de las notas como si fuera tirar unos dados encima de la mesa, unos ratos pensaba que le iban a quedar cinco y un poco más tarde que las iba a aprobar todas.

—Tengo unas ganas de que me las dé la *sita* para saber lo que me ha puesto —decía.

No puedo entenderlo. Yo sabía muy bien la que me iba a caer. La única posibilidad que tenía era que a mi *sita* le diera en el último momento un ataque de misericordia y a ese cero que me iba a poner en matemáticas le hiciera un rabito para arriba hasta convertirlo en un Seis Salvador (porque no creo que se le ocurriera la fantástica idea de hacerle un rabito para abajo y convertirlo en un nueve).

La mañana en que tenía que ir a recoger las notas el Imbécil se puso malo, así que me tuvo que acompañar mi abuelo al colegio. Fue una pequeña alegría dentro de la gran desgracia que se me aproximaba, porque lo peor de que te suspendan es tener que escuchar sobre tu cabeza la conversación que tienen tu maestra y tu madre sobre lo burro que tú eres. Contéstame si es que sabes: ¿Qué cara hay que poner mientras dos mujeres disfrutan poniéndote verde en tu presencia?

Llegamos al colegio. Esperando en el banco del pasillo estaban el Orejones, Yihad, la Susana, Paquito Medina, Arturo Román y otros que tú no conoces. Mi abuelo pidió la vez a la abuela de la Susana, como si estuviéramos en la carnicería, con la diferencia, claro, de que aquí los que íbamos a ser sacrificados éramos los clientes.

Le tocó el turno al Orejones, pero él no pasó a la clase, pasó sólo su madre.

—Es que a mí esa escena de la entrega de notas me impresiona mucho —le explicó a mi abuelo.

Qué niño, no sé cómo puede soportar el peso del morro que tiene, se lo tendrían que llevar en carretilla.

Por fin salió la madre del Orejones y le dijo dulcemente:

—Bueno, hijo, tendremos que ponerte dos psicólogos de guardia en vez de uno porque te han quedado tres.

¿Qué crees que dijo el Orejones? ¿Cuál fue la única frase que salió de su boca en esos momentos engorrosos?

—¿Y cuántas asignaturas hay? —dijo como con muchísimo interés.

Hay veces que me pregunto si sabe el curso que está haciendo.

—Siete, hijo mío —respondió su madre con una cara que parecía que se iba a echar a llorar. Le puso la mano en el hombro para marcharse pero antes me dijo—: Bueno, Manolito, ya me contarás, ojalá que tengas más suerte que tu amigo —y me acarició un poco el pelo.

No sé si te he dicho alguna vez que la madre del Orejones mola. Te lo habré dicho, porque lo suelo decir en cuanto se me presenta la oportunidad y lo suelo pensar más todavía. Mola por dentro y por fuera, quiero decir que es guapa y simpática. Un día que me acarició el pelo de la misma forma que el día de las notas soñé luego

por la noche que yo ya era mayor y que me ca-
saba con ella. Era un sueño muy feliz hasta que
la madre del Orejones dijo:

—Cariño, aquí tienes a tu hijastro.

Y me señalaba al Orejones. Cuando me desperté, el corazón me latía como el despertador de mi abuelo. No me extraña. Para tener al Orejones como amigo hay que armarse de mucha paciencia, pero para tenerlo como hijastro hay que armarse de valor, y yo soy un cobarde, lo confieso. No podría soportarlo. Desde entonces me quité la idea del matrimonio con la madre del Orejones para siempre: nos separan la edad y el mismo Orejones.

Ahí estábamos, en el banco del pasillo, seguíamos guardando cola para el matadero. Acababan de salir Yihad y su abuelo. Yihad se puso a gritar como un loco:

—¡Sólo me han quedado cuatro y he aprobado tres! ¡Manolito —me sacudió por los hombros—: he aprobado tres: la gimnasia, la religión y la plástica! Abuelo, con lo difícil que es la religión. Abuelo, ¿te digo los nueve mandamientos?

—No, hijo mío, a mí no me digas los mandamientos que estoy harto de oírlos —le contestó su abuelo, y luego le dijo al mío—: Es un bestia, pero es muy optimista.

El abuelo de Yihad tuvo que darle un capón para que se calmara porque con la alegría se había descontrolado completamente: se había puesto a andar con las manos, haciendo el pino, había perdido el equilibrio y había aterrizado encima de la abuela de la Susana.

—A éste, de vez en cuando, le viene de perlas un capón, se queda como la seda.

Pero a Yihad, en esta ocasión, le hicieron falta dos capones porque se había empeñado en hacer la voltereta lateral para demostrar al público por qué le habían puesto un diez en gimnasia.

—Me lo llevo antes de que ocurra cualquier desgracia —dijo don Faustino, el abuelo de Yihad.

La gente le dio las gracias y la abuela de la Susana comentó suspirando:

—Ya era hora, lo tranquilos que nos vamos a quedar.

La abuela de la Susana no sabe que el chulito de Yihad es el novio de su nieta, o por lo menos, uno de los mil novios de la Susana.

Al cabo del rato le tocó el turno a Paquito Medina, que entró a la clase y salió en seguida con sus notas. Las dobló, se las metió en un bolsillo y luego me dijo:

—Manolito, ¿quedamos esta tarde en el parque del Ahorcado?

Yo le dije que sí con la cabeza, aunque no estaba muy seguro de que me dejaran bajar por la tarde a la calle. La *sita* salió un momento de la clase para decirle a Paquito Medina:

—Llamaré a tu madre para darle a ella también la enhorabuena.

Entonces, Paquito Medina se puso rojo a rabiar y sin decir nada se largó corriendo.

La abuela de la Susana se había quedado dormida, estaba con la boca abierta y llevaba un rato haciendo:

—Jjjjjjjjjjjjjjjjjjj...

Cuando la *sita* pronunció el nombre de la Susana, porque les había llegado el turno, mi abuelo fue a darle a su abuela en el hombro para despertarla, pero Bragas-sucias dijo:

—No, yo, yo, que yo se... —la Susana se

acercó al oído de la abuela y le dijo bien alto, para que lo oyéramos todos—: Abuelita, que empieza la telenovela.

Como si le hubieran dado cuerda, la abuela de la Susana cerró la boca, abrió los ojos y se puso las gafas que llevaba colgando de una cadenilla.

—¿A que lo hace en un tiempo récord? —nos preguntó la Susana.

Cuando la abuela miró a su alrededor y nos vio a todos nosotros, me dio la impresión de que no sabía muy bien dónde estaba. Abrió y cerró los ojos varias veces y luego se levantó para entrar a por las notas. Salió con ellas medio protestando:

—Yo estas notas de hoy día no las entiendo. Me manda mi hija a que venga con la Susi y yo le digo: ¿Para qué, si yo estas notas de hoy día no las entiendo?

Y la *sita* le decía:

—Pues en resumen, que está aprobada, pero que tiene que mejorar el comportamiento, que es un poco gamberra.

Y la Susana, aprovechando que la *sita* no miraba, sacó la lengua y dijo bajito, para que yo lo oyera:

—Calla, foca.

Pero yo ya lo veía todo a mi alrededor como si fuera un sueño del que quieres salir inmediatamente. Cuando sonó mi nombre, Manolito García Moreno, no sé qué les pasó a mis piernas, que empezaron a temblar.

Mi abuelo y yo nos acercamos a la mesa de la *sita*.

—Bueno, Manolito, ya sabes lo que hay, ¿no?

Me miró por encima de sus gafas de cerca. Y yo tragué saliva para decir:

—Sí, *sita*.

Luego se dirigió a mi abuelo y le dijo:

—Don Nicolás, las matemáticas, como siempre, a ver si le dan ustedes un empujón este verano. Éste de tonto no tiene un pelo, pero es despistado, y habla por los codos, y encima se junta con López, que no sabe dónde tiene la oreja izquierda ni la derecha, y con el Yihad, que es un delincuente en potencia..., y aquí están los resultados, que le tengo que poner un suspenso. Ahora no se llama suspenso, pero, para usted y para mí, lo que yo le pongo a este niño es un cate y punto. Es muy vago, don Nicolás, muy vago; cuando él quiere y se aplica lo saca, pero esta vez no le ha dado la gana.

Yo miraba al suelo, así que la lágrima que me salió del ojo izquierdo se dio contra el cristal de las gafas y lo mojó, y de pronto me quedé tuerto.

—Y dígale a la madre que no se ponga histérica, que la conozco. Le dice para consolarla que sus amigos han salido peor parados que él —dijo la *sita*.

—Sí, pero a ellos no les importa —la voz me salió horrible y temblorosa— y a mí, sí.

—¿Y si te importa, por qué no has estudiado? —me preguntó la *sita*.

—Porque no me gustan las matemáticas, se lo juro —dije viendo cómo otra lágrima caía en el ojo derecho. Me daba la impresión de que mis zapatos estaban dentro de un charco.

Mi abuelo se sacó su pañuelo del bolsillo y me limpió los mocos, las lágrimas y las gafas.

—Este verano nos vamos a poner todas las tardes y le va a sacar un diez el año que viene —le dijo a la *sita*.

—Seguro —le contesto la *sita*—, como se lo proponga, seguro.

El camino hasta mi casa fue más corto de lo que yo hubiera querido. Mi abuelo me fue hablando de grandes sabios de la ciencia, de grandes escritores, y de grandes inventores de la humanidad, que suspendían constantemente las matemáticas.

—Cervantes, Einstein, Fleming, Julio Verne... Todos ellos tenían algo en común: el suspenso en matemáticas.

—¿Y qué decían sus madres?

—Pues lo acaban comprendiendo, Manolito, lo acababan comprendiendo.

Ya estábamos en la puerta del Tropezón. El señor Ezequiel estaba en la puerta y me preguntó:

—¿Qué te pasa, Manolito?

—Que le han quedado las matemáticas al chico —le contestó mi abuelo—, y yo le digo que tampoco se va a acabar el mundo por eso.

—¿Y lo sabe ya tu madre? —me preguntó el señor Ezequiel.

Le dije que no con la cabeza y el señor Ezequiel suspiró:

—Pobre Manolito, tómate una coca-cola antes de subir.

Como tenía ganas de llorar, también le dije que no a esto con la cabeza y me fui para casa. Mi abuelo se quedó en el Tropezón. No puedo reprochárselo, porque ya le habían puesto su tinto de verano, y cuando mi abuelo ve un tinto de verano en la barra del Tropezón siente como un imán de una fuerza sobrenatural que le empuja hasta él, y aunque no quiera tiene que bebérselo. Te lo juro, me lo explicó un día, y mi abuelo nunca miente.

Empecé a subir las escaleras de mi casa. Cuando llegué al rellano de la Luisa se abrió su puerta inmediatamente.

—Es que estaba limpiando la mirilla y te he visto.

La Luisa limpia la mirilla varias veces al día. Mi madre dice que la Luisa se acuerda de limpiar la mirilla cada vez que oye pasos por las escaleras.

—¿Qué te pasa, Manolito?

—Que me han dado las notas y he aprobado casi todas.

—¿Y cuál es la que casi que no has aprobado?

—Pues... las matemáticas.

—¿Y ya lo sabe tu madre?

—Pues no —le dije, pero lo iba a saber en breves instantes.

—Pobre Manolito —me dijo la Luisa, y yo lloré contra su bata un rato—. Si se pone a chillar de los nervios, coge del armario tres mudas y fúgate a casa de tu Luisa, que te dará cama, comida y un profesor particular que te va a pagar tu padrino.

Me sonó los mocos con su pañuelo y mirándolo me dijo antes de volver a meterse a su casa:

—Hay que ver el disgusto tan grande que tienes, lo que has echado por esa nariz.

Sólo me quedaban diez escalones para llegar a mi casa. Subí tres y me senté: ya sólo me quedaban siete (para que luego digan que estoy pez en matemáticas).

Pensé que nada ni nadie podría conseguir que mi madre no me echara la bronca. Abrí mi boletín y miré otra vez el suspenso. Cuánto me gustaría ser un gran falsificador y poder cambiar aquella nota asesina. Qué tontería. Como que a mi madre es fácil darle el pego. Mi padre la llama la Mujer Policía porque cuando él vuelve de viaje lo examina de arriba a abajo, detrás de las orejas y por el cuello, para ver si se ha duchado como ella le tiene dicho todos los días.

Pasó un rato enorme. Mi abuelo subió muy despacio las escaleras. Por la velocidad que llevaba deduje que se había bebido... cuatro tintos de verano (para que luego digan que no hago bien el cálculo mental).

—Pero, Manolito, ¿todavía estas ahí?

—Es que no me atrevía a entrar solo.

Entramos los dos. Mi madre extendió la mano y dijo:

—Vamos a ver qué traes, Manolito.

El Imbécil ya estaba comiendo, se comía el puré y los mocos que le llegaban a la boca y respiraba muy constipado, como un cerdito. Me senté a su lado. Mi madre cerró el boletín y dijo con mucha rabia:

—Lo sabía, esto yo lo sabía, sabía que me iba a dar el verano. Nos tendremos que quedar aquí sin poder salir a ninguna parte por el niño vago éste de las narices.

—De todas formas nos teníamos que quedar, Catalina, si nosotros no tenemos dinero para veranear en ninguna parte —le dijo mi abuelo.

—Tú te callas, papá. Antes de hablar y meter la pata, te callas. Éste sólo piensa en el jugueteo, en pasarse el día en la calle, en gamberrear, y que a su madre le dé un disgusto como el que me está dando, eso le importa al niño un pepino.

Empecé a llorar otra vez sobre mis gafas. El Imbécil, al verme llorar, me quiso dar una cucharada de su puré, y al ver que yo no quería se puso también a llorar. Lloro yo, llora él. Siempre es así.

—Ya está llorando el otro —dijo mi madre, sentándose en el sofá—. Si es que me quitáis la vida entre todos.

—Catalina, que tampoco es para tanto, que al angelico le han quedado las matemáticas, !pues ya las aprobará en septiembre! Muchos grandes hombres —siempre me pregunto cómo sabe tanto mi abuelo de la historia de la Humanidad— suspendían las matemáticas de pequeños: Cervantes, Shakespeare, Edison...

—Ya vale con el rollo de los grandes hombres —le cortó mi madre—. Además, tú qué sabes, papá.

—Pues claro que sé, sé que lo que tienes que hacer es ayudar al chiquillo a que las apruebe en septiembre y sé que hay otras formas de regañar.

—¿Cuáles, listo?

—Pues tú deberías saberlo, que te catearon las matemáticas tres años seguidos...

Qué golpe más bajo. El Imbécil y yo dejamos de llorar inmediatamente. Se hizo el clásico silencio sepulcral y el Imbécil se quedó mirando a mi madre de arriba a abajo. Nunca lo hubiera esperado de su propia madre. Fue una gran decepción: la tenía idealizada. El Imbécil parece que no se entera, pero las coge al vuelo.

—No me parece bien que delante del niño cuentes... —mi madre estaba un pelín cortada.

—¿Por qué? —le dijo mi abuelo— Que sepa tu hijo que a una mujer tan lista como su madre, a una mujer que todos los días nos asombra con su inteligencia, también le quedaron las matemáticas.

—Pero luego las recuperé, papá —le dijo mi madre como disculpándose.

—Pues lo mismo va a hacer Manolito: en septiembre nos va a dar a todos una sorpresa. ¿Verdad, majo?

Aviso: en mi casa somos todos muy llorones, así que si te digo que me tuve que secar las lágrimas con el babero del Imbécil, limpiarme los mocos con el pañuelo de mi madre, y que mi madre se limpió las lágrimas en el pañuelo de mi abuelo, y que mi abuelo le limpiaba los mocos al Imbécil, y que el Imbécil se secaba las lágrimas con la mano de mi madre..., te digo poco. Somos expertos en escenas como ésta.

Durante aquella comida en la que acababamos limpiándonos mocos y lágrimas con el mantel hicimos grandes planes para el verano: por la mañana iríamos con el abuelo a la piscina y por la tarde yo estudiaría matemáticas. Bueno, tampoco es que fuera un gran plan, pero el terrible momento de las collejas ya se había pasado.

Llegó la noche. Era mi primera noche después de mi primer suspenso en junio, así que no me podía dormir.

—Abuelo, me voy a pasar contigo.

Mi abuelo no dijo nada, sólo levantó la sábana para que yo pudiera echarme a su lado.

—Abuelo, ¿es verdad que a mi madre le quedaron tres años las matemáticas?

—No, no es verdad, le quedaron cuatro años seguidos.

¡Cuatro años! ¡Que fuerte!

—Pero ella tenía suerte, porque tú eras su padre y nunca la reñías.

—¿Y quién te ha dicho a ti que yo no la reñía? —me preguntó mi abuelo.

—Porque a mí nunca me riñes.

—Porque yo soy tu abuelo.

—Mi superabuelo —le corregí.

Pero había algo... había algo que no me dejaba dormir.

—Abuelo, todavía hay que decirle lo del

suspenso a mi padre cuando vuelva el viernes. ¿Qué crees que me dirá?

—Dame la dentadura, que una explicación larga sin dientes no me sale —una vez que se la puso, dio un mordisco para encajársela, y siguió hablando—. He llegado a un trato con tu madre, pero tenemos que cumplirlo los dos: tú y yo. Estudiarás este verano y no diremos nada a tu padre del suspenso, se lo contaremos en septiembre, cuando ya hayas aprobado con buena nota.

—¿Y no se enfadará luego mi padre por la mentira?

—Le diremos que no ha sido una mentira podrida, una mentira piadosa. Además, tu padre no se enfada nunca demasiado. Bueno, toma la dentadura, déjala otra vez en el vaso.

La dentadura cayó en el vaso y todos los polvos saltaron para arriba, parecía una bola de cristal de esas que traen muñecos de Navidad y nieve.

—Abuelo, ¿y sólo podré estudiar y estudiar y todo el día estudiando?

—Manolito, el verano es muy largo, podrás estudiar, ir a la piscina, ir al Ahorcado, tomar leche merengada en El Tropezón, ver películas en la tele, quedar con el Orejones, con Paquito Medina, pelearte con Yihad, contarte los dedos de los pies y aburrirte de no hacer nada. Ningún suspenso podrá estropearte este tiempo tan largo sin pisar la escuela...

Sin ver a la tía Melitona...

Teníamos la ventana abierta. Podíamos oír, como todas las noches de verano, a la gente que estaba sentada en la terraza de El Tropezón.

Me daba mucha vergüenza decirle a mi

abuelo lo que quería decirle, y lo que quería decirle era...

—Abu, muchas gracias, qué haría yo sin ti.

Esperaba que me iba a dar un beso o a secarse una lágrima de emoción incontenible con la sábana, pero no hizo nada de eso. Me levanté para verle la cara y vi que los labios se le estaban hundiendo, se le hundían, se le hundían para dentro de la boca, y cuando ya parecía un monstruo que se iba a tragar su propia cara empezó a echar todo el aire para afuera otra vez con un soplido que me levantó todo el flequillo.

Me dio un alegrón que te mueres que no hubiera escuchado mi frase, porque aunque era una frase verdadera, sinceramente, no era una frase para un Pies Sucios. Todos mis amigos se hubieran reído de mi frase. Pero como nadie me oía podía pronunciar frases de esas que tus colegas no te permiten decir en la vida real. Aprovechándome de que mi abuelo estaba completamente sopa se lo volví a decir:

—Super-próstata, gracias.

Me quedé despierto un rato gigantesco oyendo reírse a los que bebían en El Tropezón. Molaban los ruidos del verano. Esa era la primera noche del primer suspenso de mi vida (no sé por qué me daba que no sería el último), la primera noche de la primera mentira piadosa a mi padre (mentiras podridas ya le había soltado unas cuantas), y la primera noche del verano más largo de mi existencia, porque todavía no había gastado ni uno sólo de sus días. Como un helado al que ya le has roto el papel y lo admiras un momento antes de atreverte a pegar el primer mordisco.

Índice

INFANTIL

SERIE AZUL
desde 12 años

FERNANDO ALONSO
El árbol de los sueños

JOHN CHRISTOPHER
Los guardianes

ROALD DAHL
Charlie y la fábrica de chocolate
Charlie y el gran ascensor de cristal
Matilda
El Gran Gigante Bonachón
James y el melocotón gigante
Danny el campeón del mundo

GERALD DURREL
Los secuestradores de burros

JUAN FARIAS
A la sombra del maestro

ANNE FINE
Ojos saltones

JESÚS CARAZO
El verano francés

JEAN C. GEORGE
Julie y los lobos

VIRGINIA HAMILTON
Primos

PETER HÄRTLING
El viejo John

TODD STRASSER
*The Pagemaster. El Guardián
de las Palabras*

ERICH KÄSTNER
El 35 de mayo

JUDITH KERR
Cuando Hitler robó el conejo rosa

C. S. LEWIS
El león, la bruja y el armario

ELVIRA LINDO
Manolito Gafotas

CONCHA LÓPEZ NARVÁEZ
*La sombra del gato
y otros relatos de terror*

M.ª ISABEL MOLINA
De Victoria para Alejandro

CHRISTINE NÖSTLINGER
*Konrad o el niño que salió
de una lata de conservas*
Mi amigo Luki-live
Olfato de detective

MARTA OSORIO
Jinetes en caballos de palo

KATHERINE PATERSON
La gran Gilly Hopkins

TERRY PRATCHETT
Sólo tú puedes salvar a la Humanidad

JORDI SIERRA I FABRA
El niño que vivía en las estrellas

PETER STEINBACH
Benni no habla

ALFAGUARA

ESTE LIBRO SE TERMINÓ DE IM-
PRIMIR EN LOS TALLERES GRÁFI-
COS DE PALGRAPHIC, S. A., HUMANES
(MADRID), EN EL MES DE JULIO DE 1996,
HABIÉNDOSE EMPLEADO, TANTO EN INTE-
RIORES COMO EN CUBIERTA, PAPELES
100 % RECICLADOS.